ICE POPS KEEP YOU POSITIVE

COLORING BOOK FOR KIDS

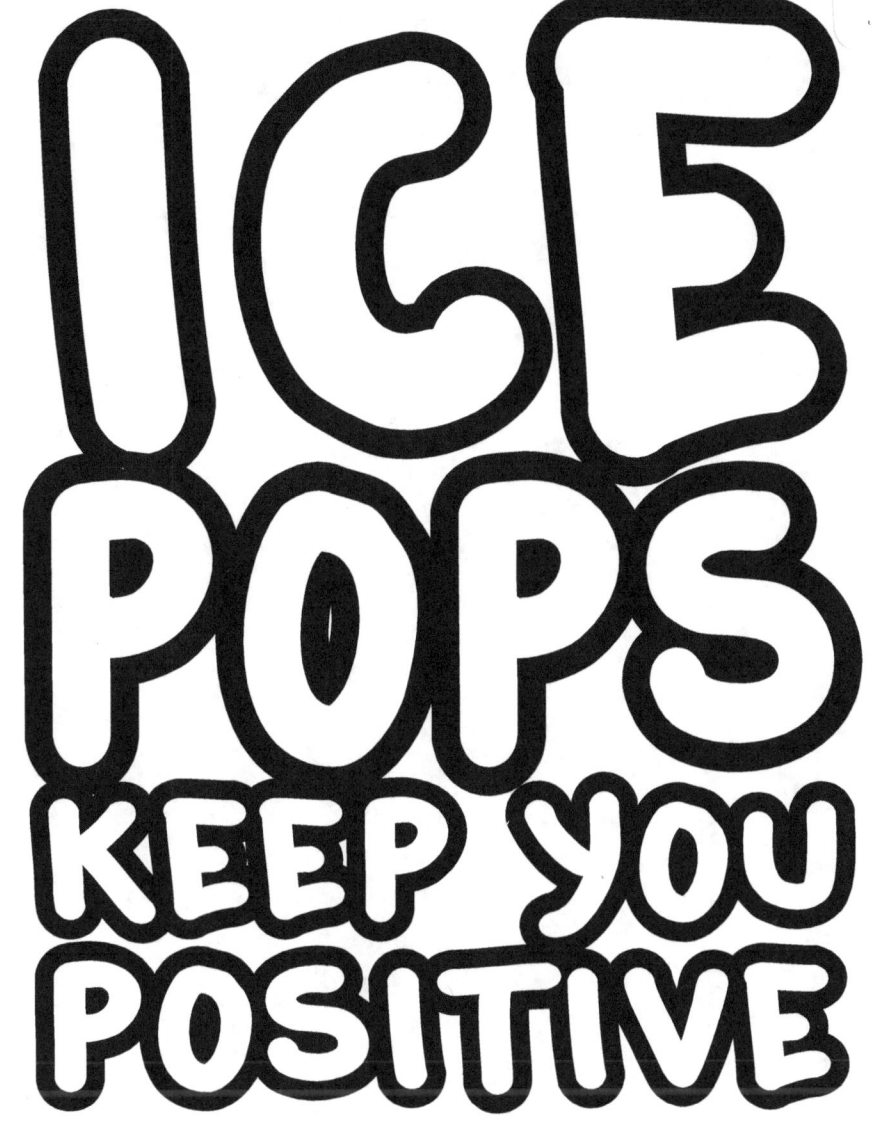

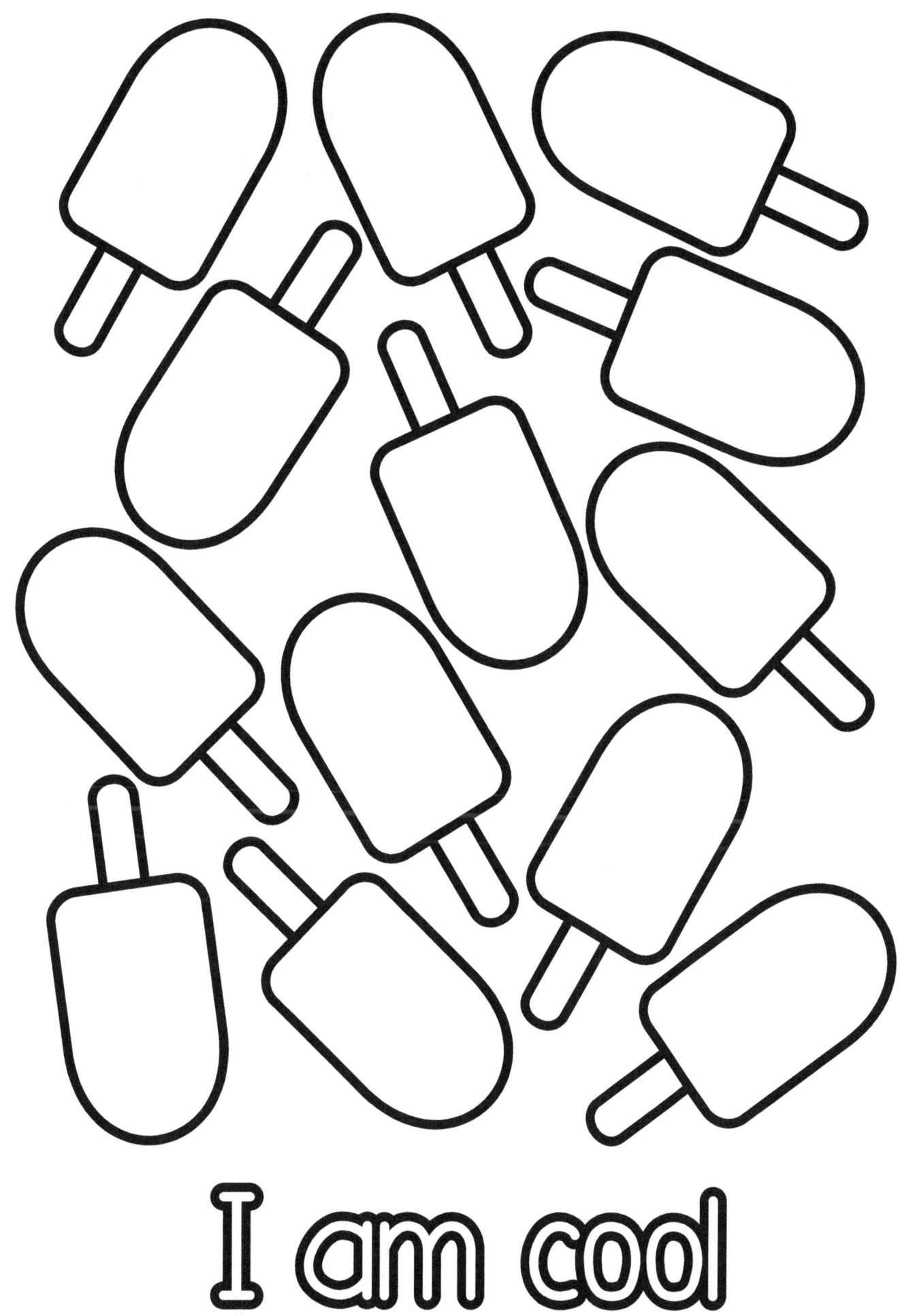

I am cool

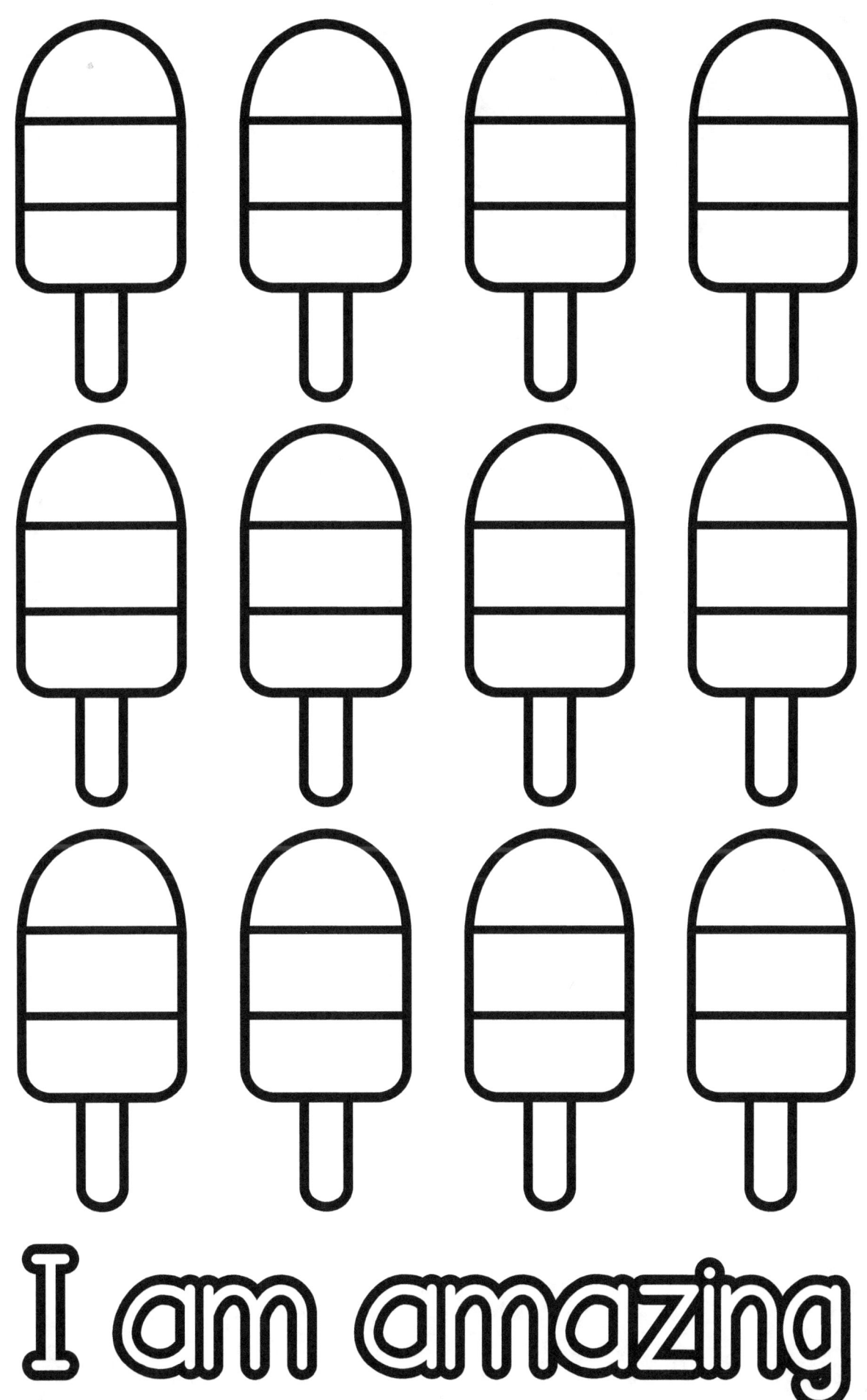

I am amazing

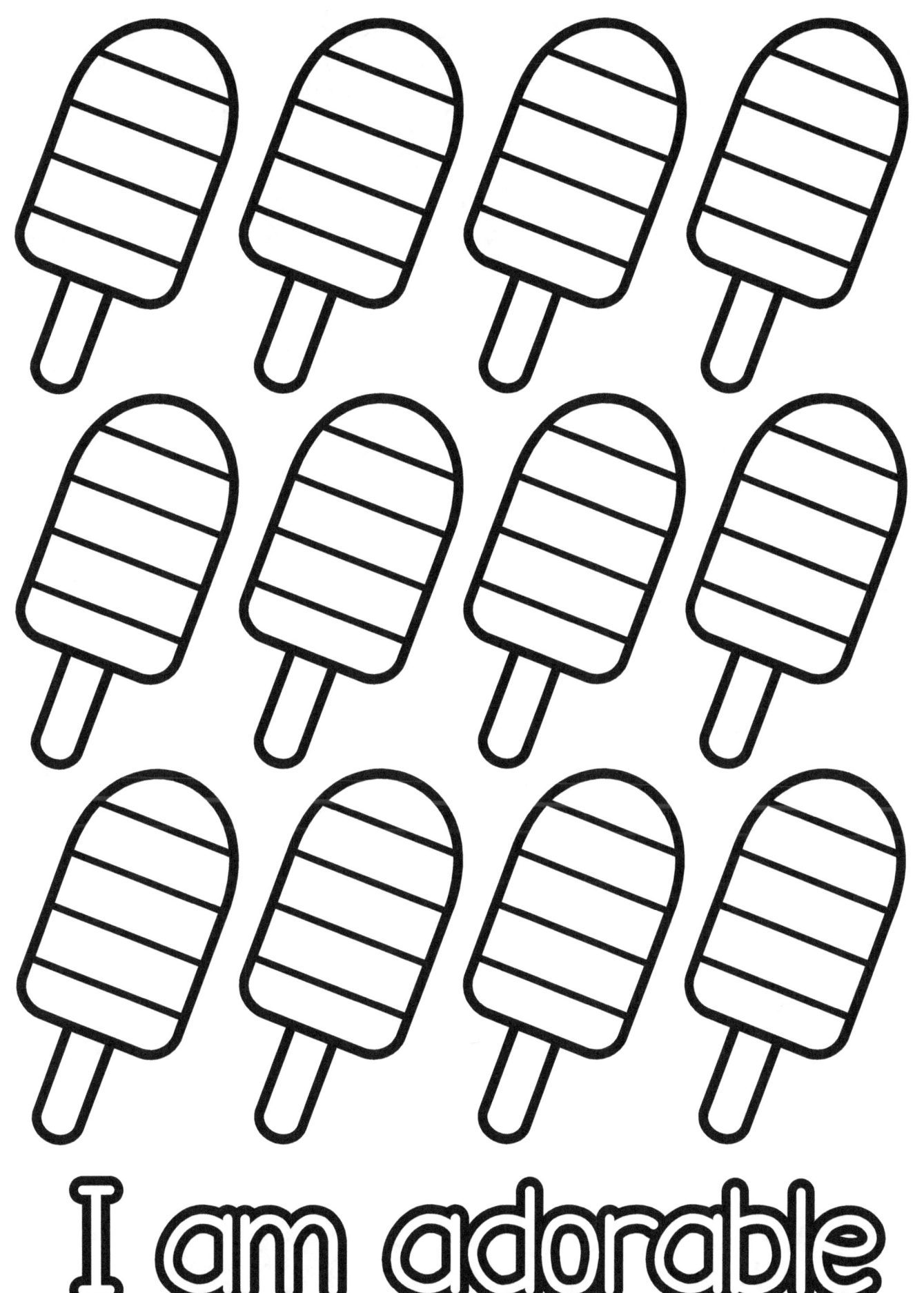

I am adorable

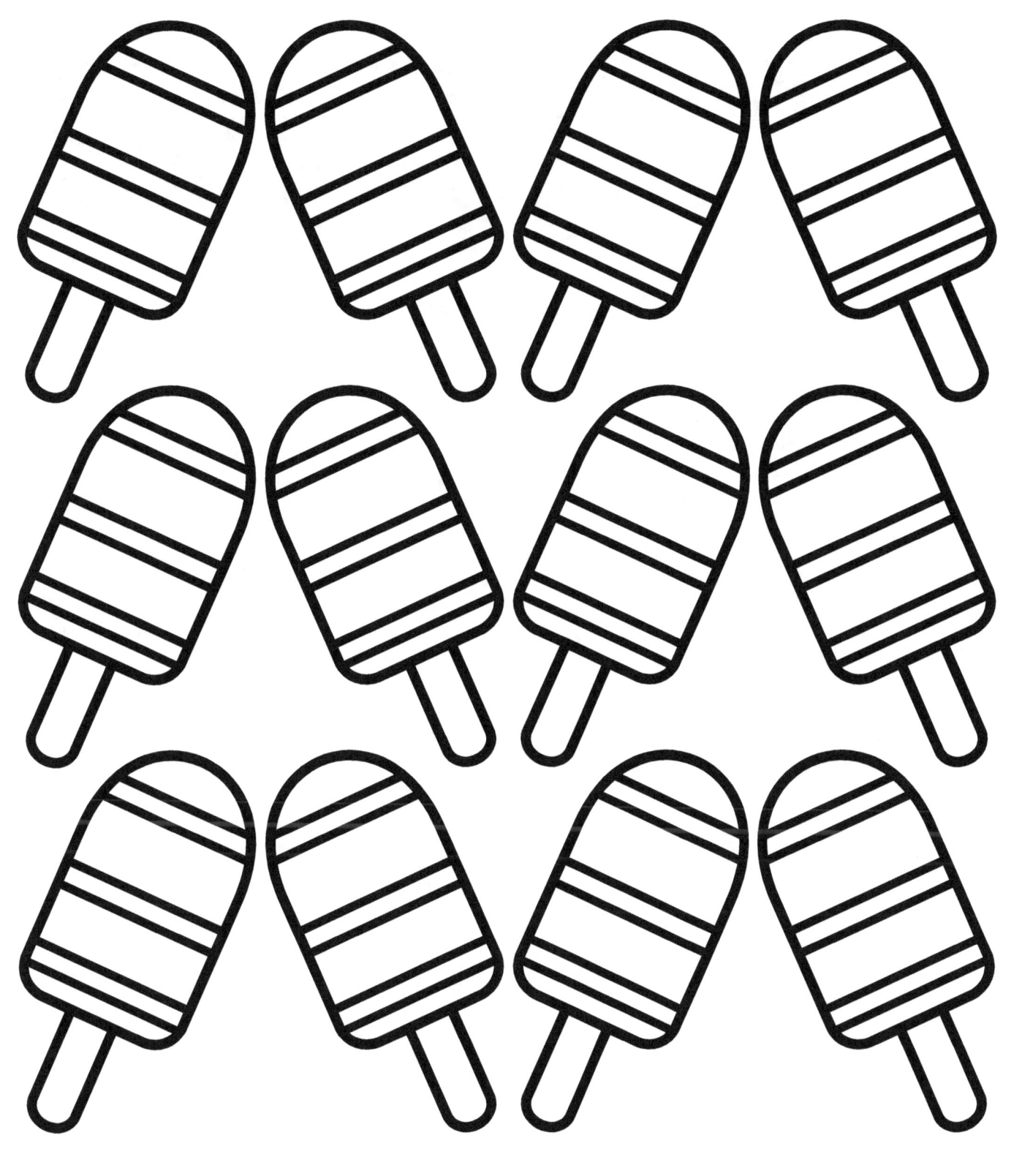

I am wonderful

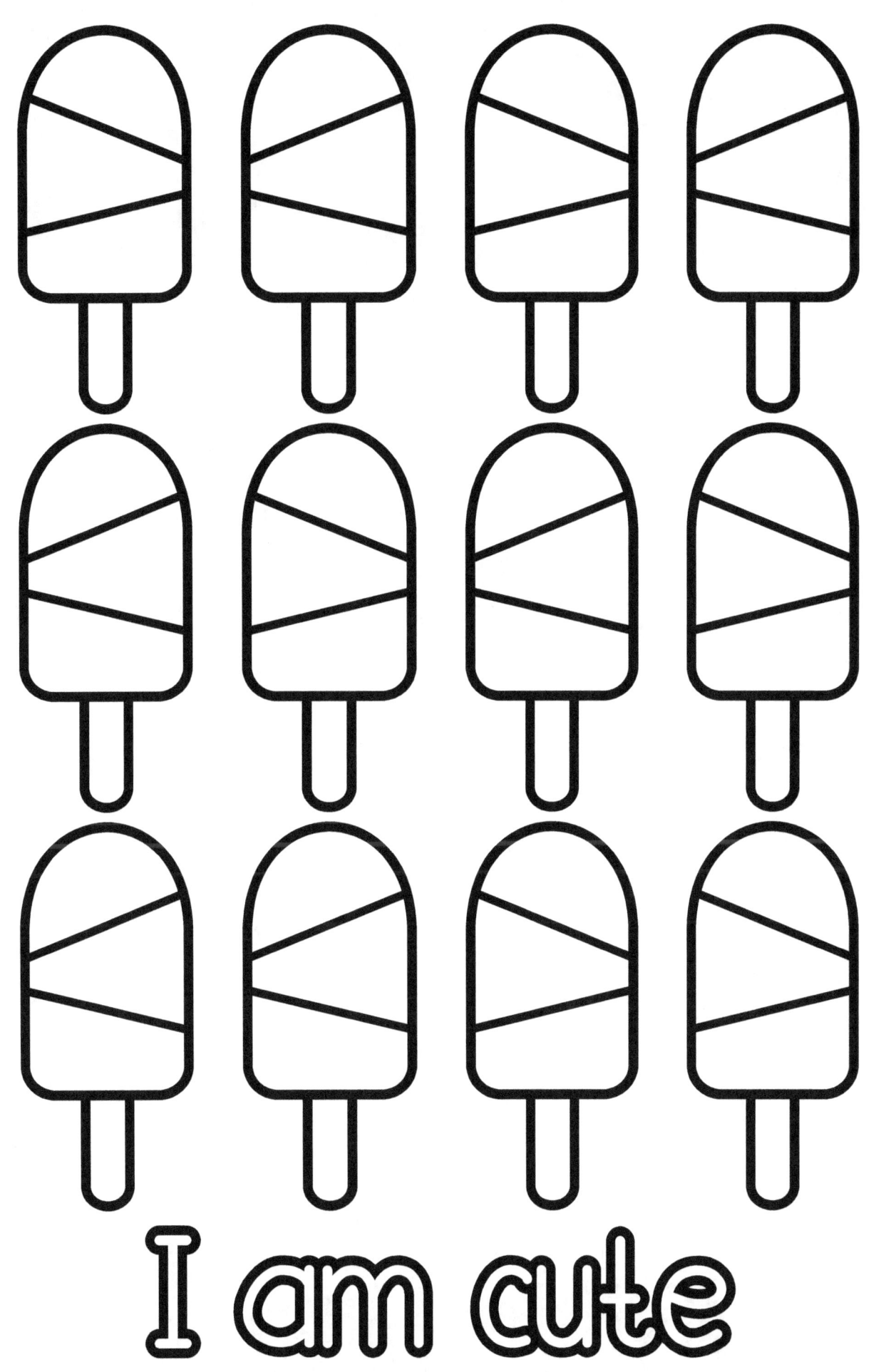

I am cute

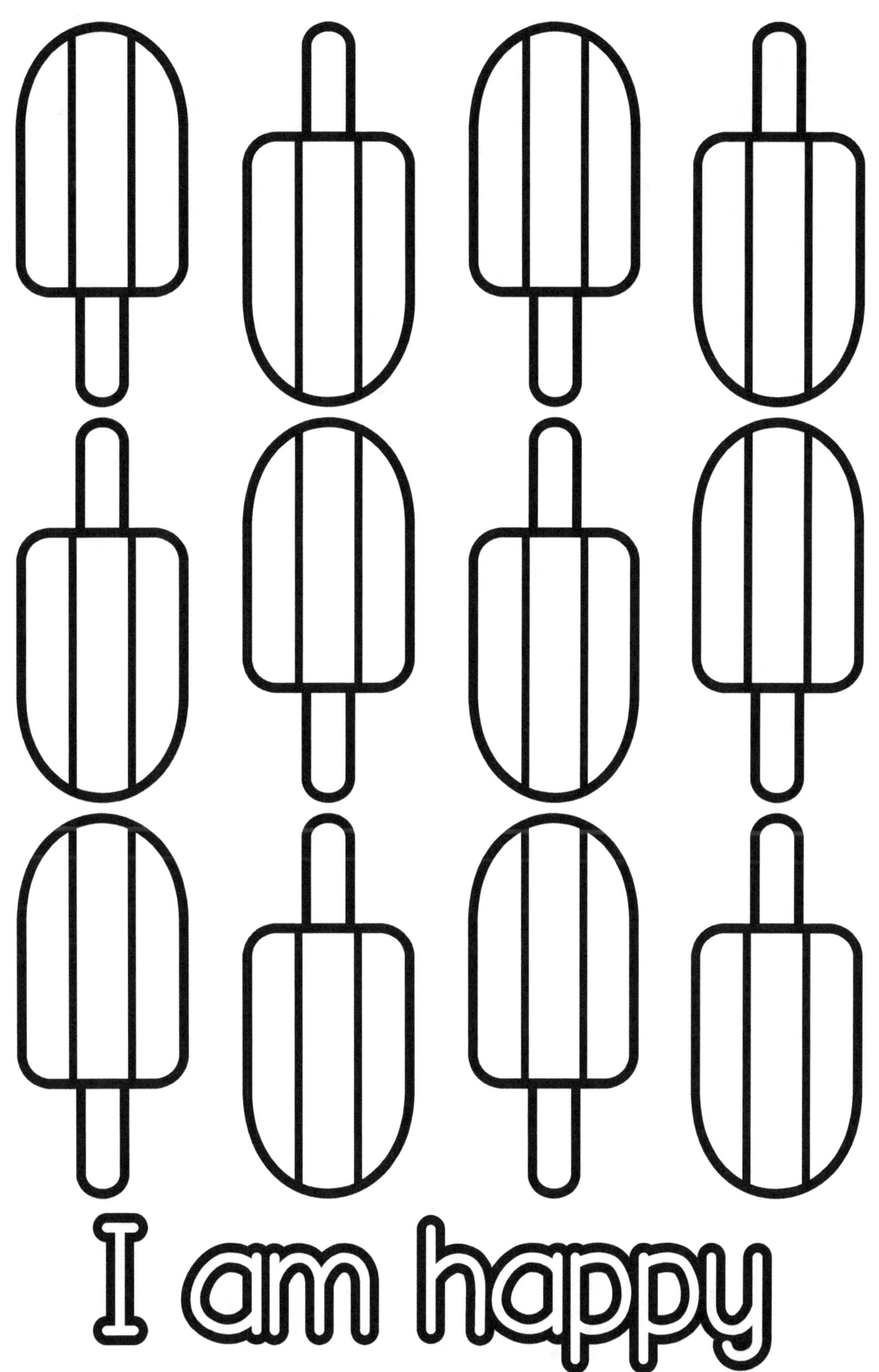

I am happy

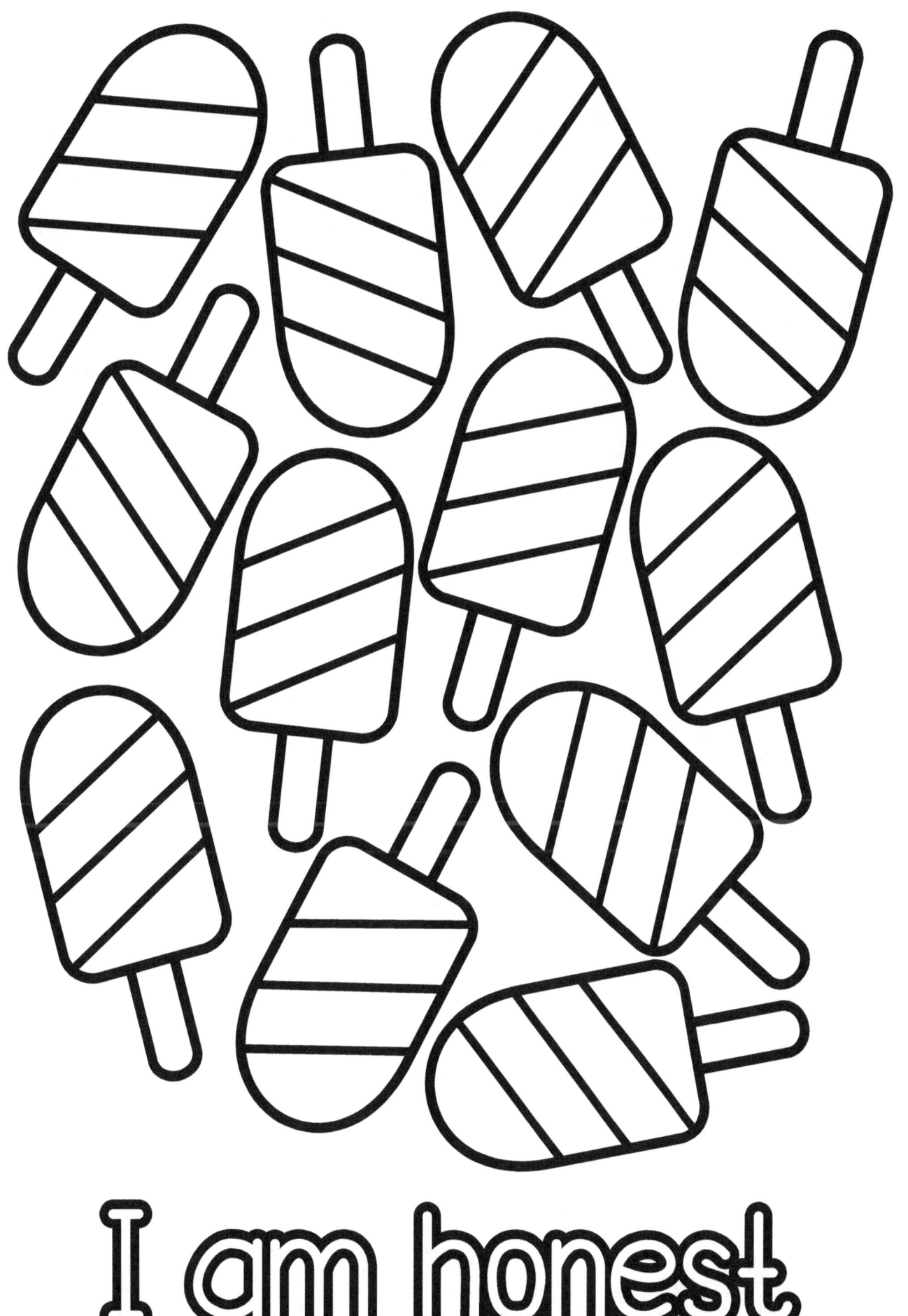

I am honest

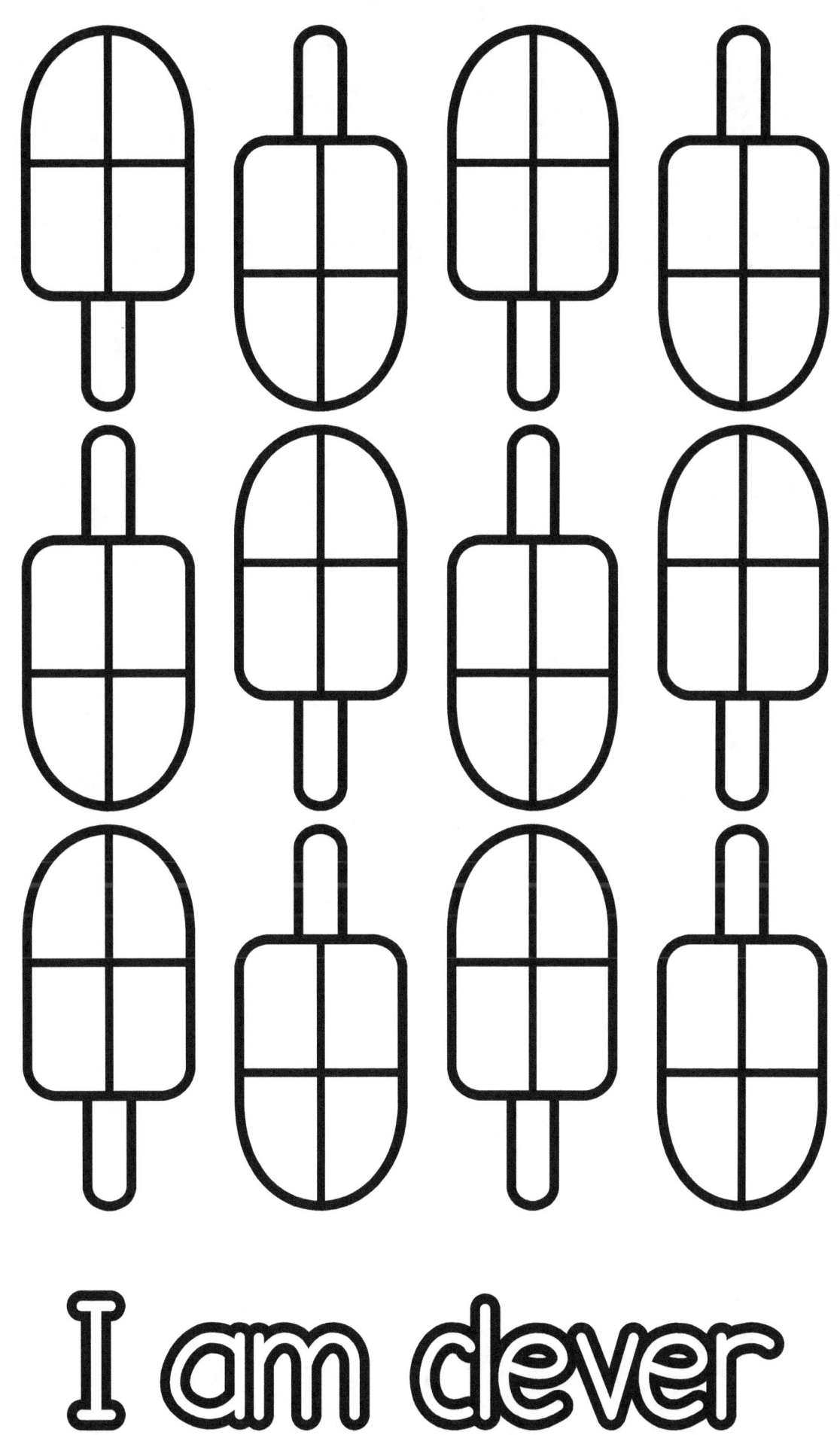

I am clever

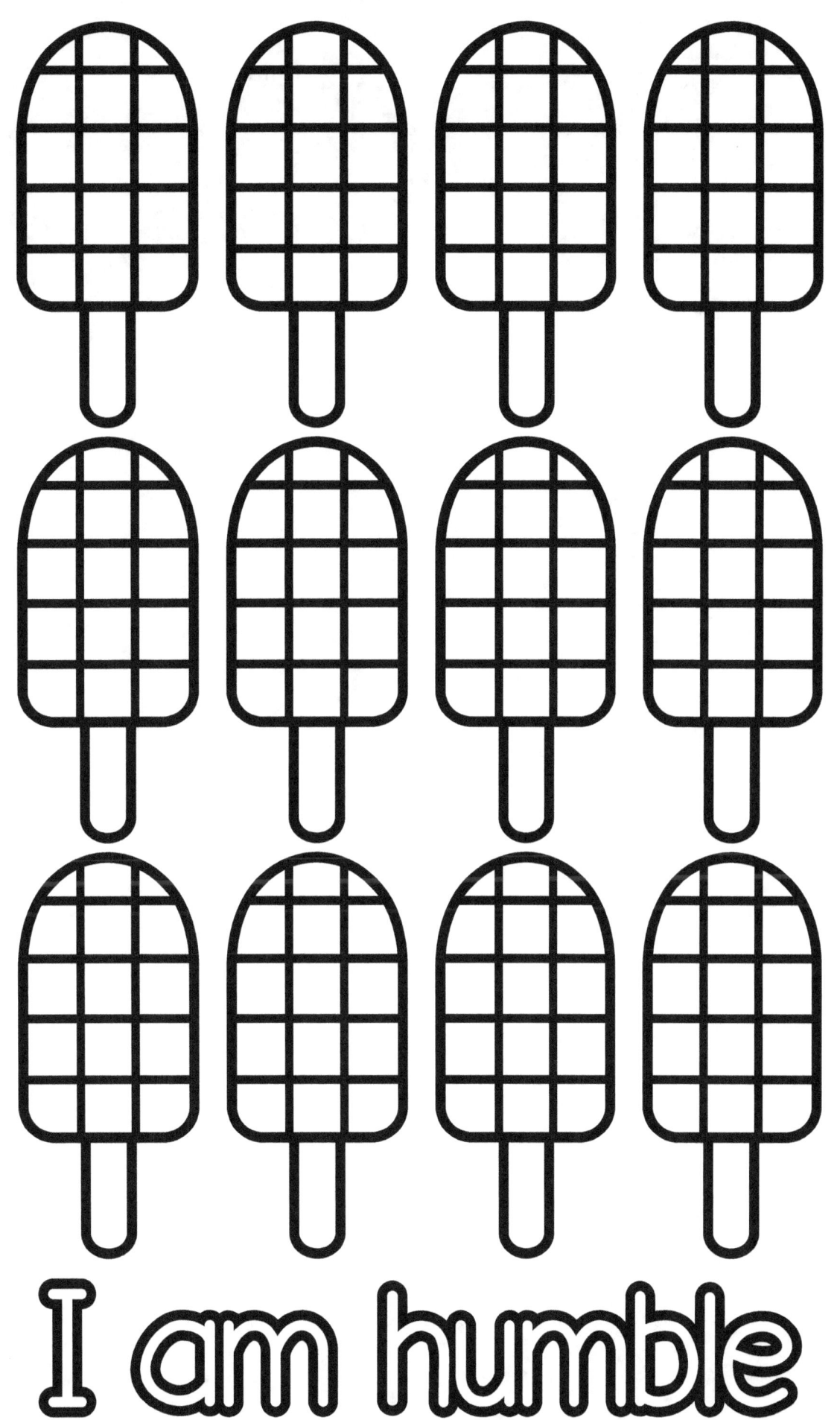

I am humble

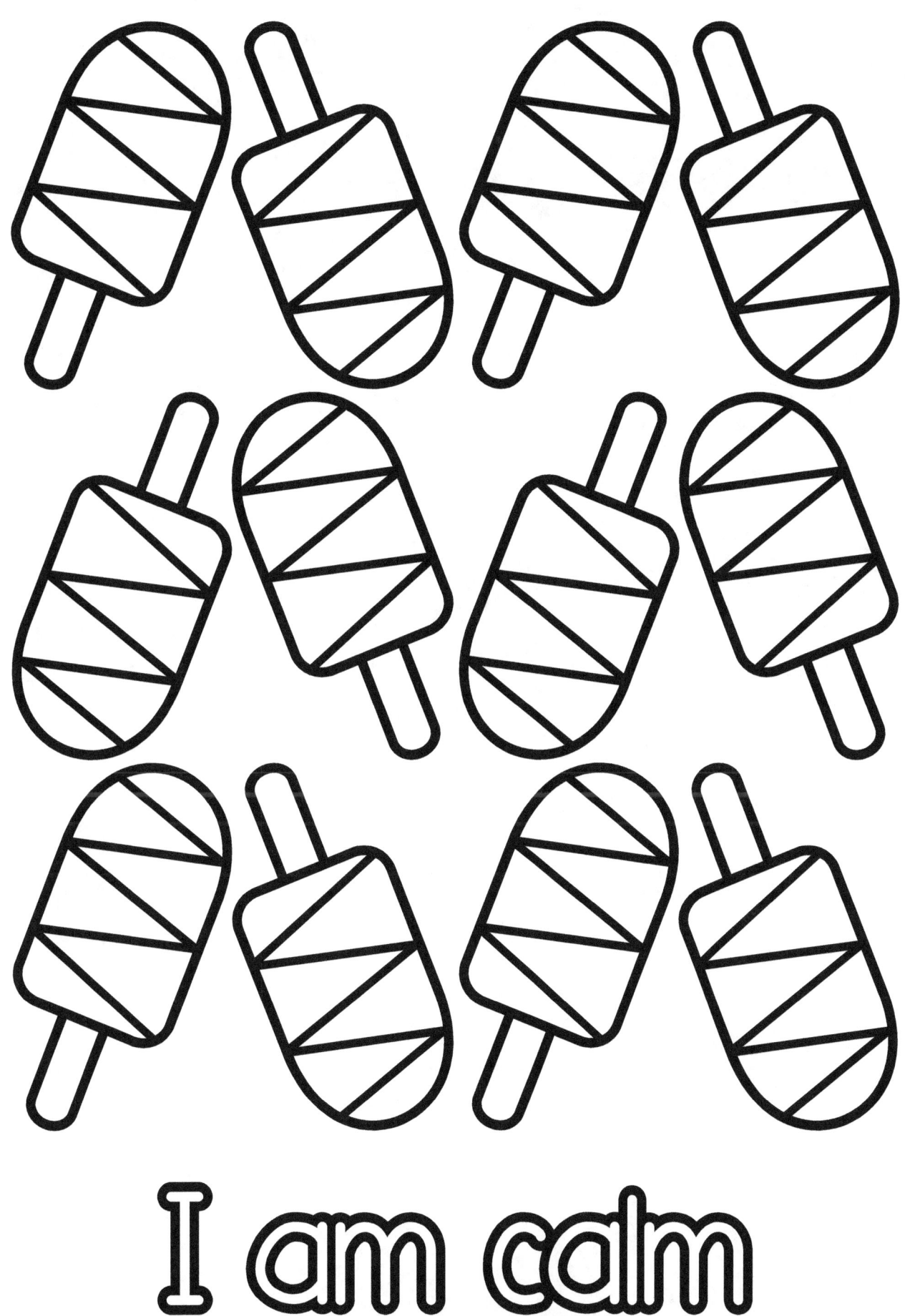

I am calm

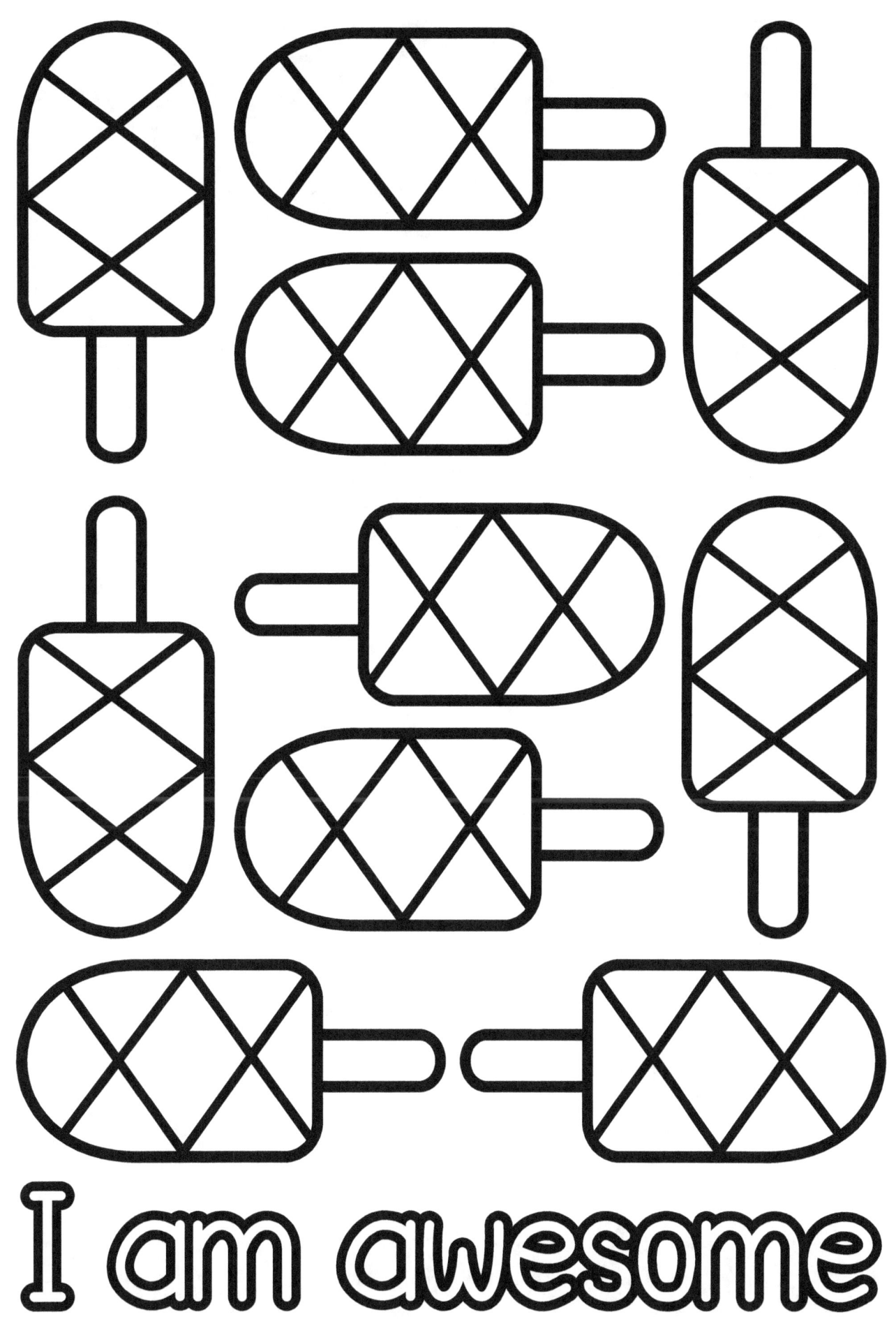

I am awesome

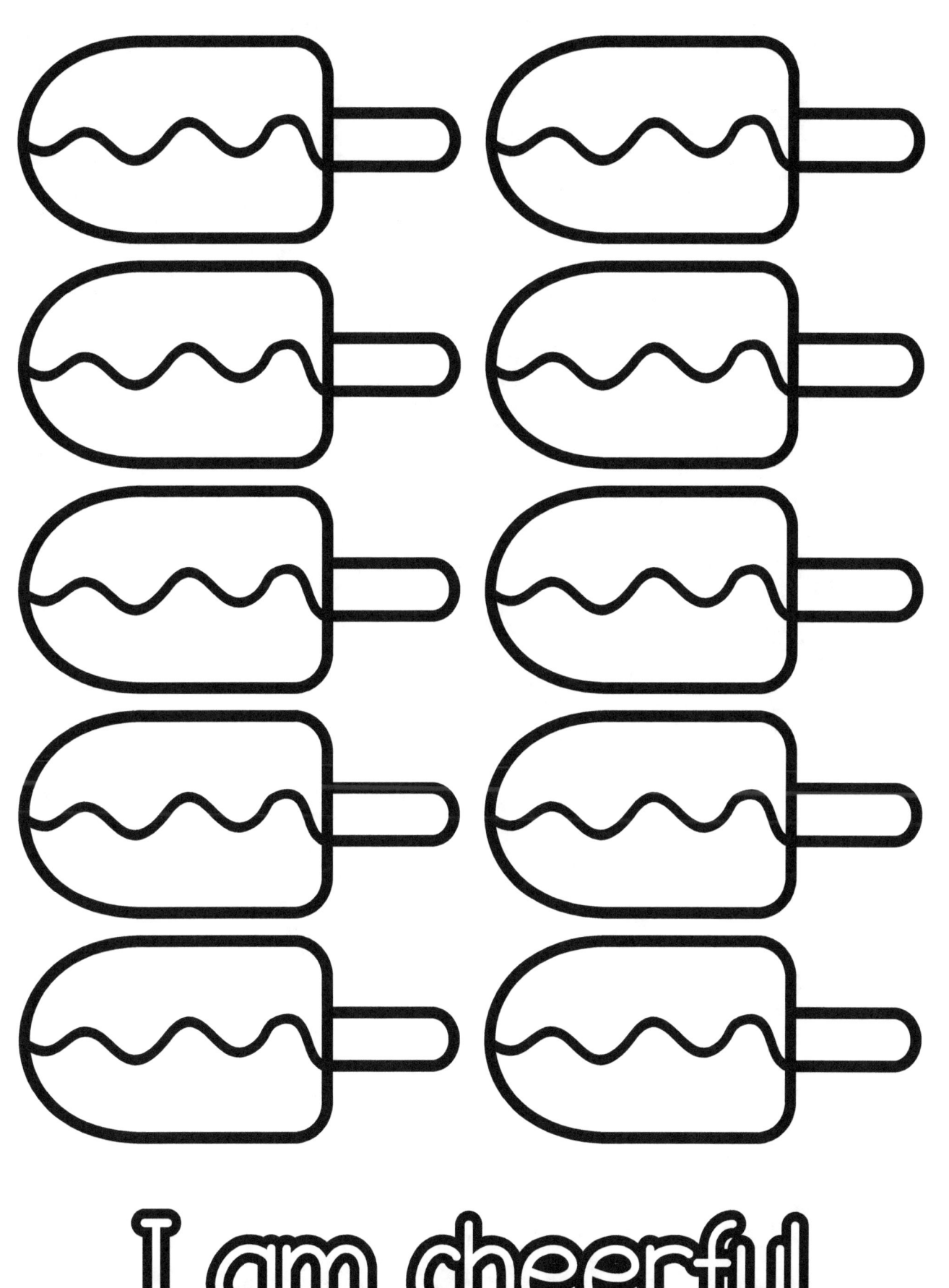

I am cheerful

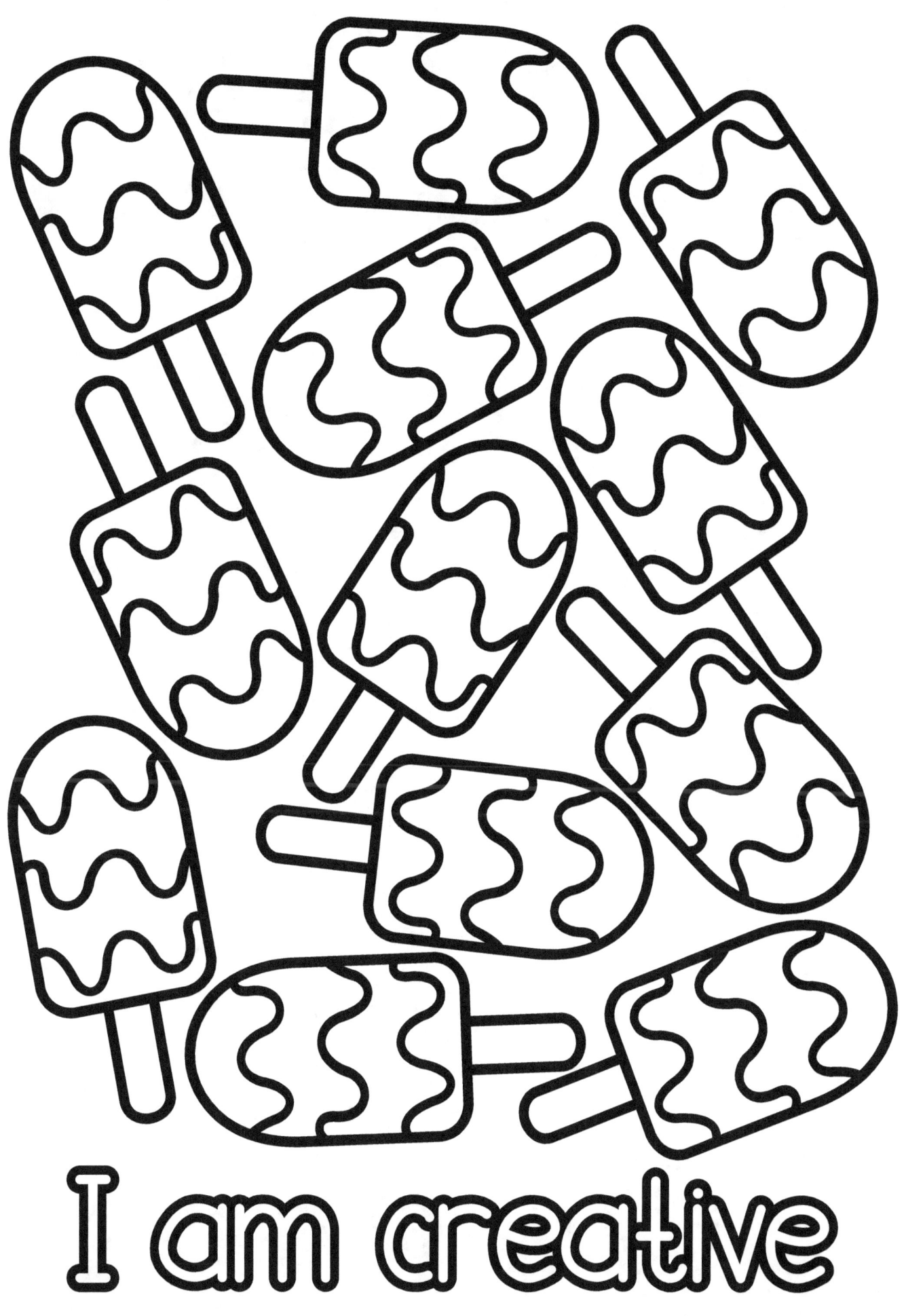

I am creative

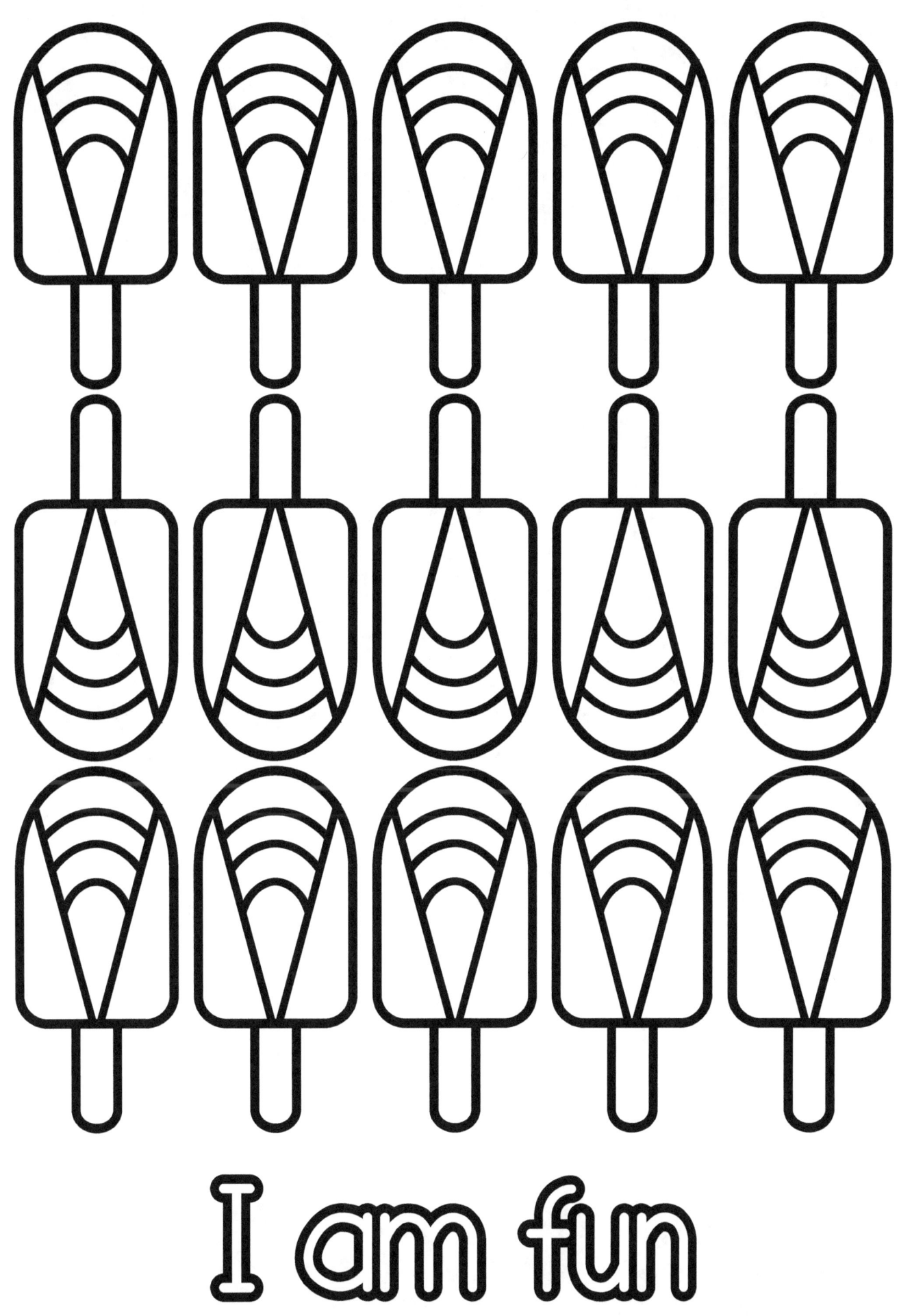

I am fun

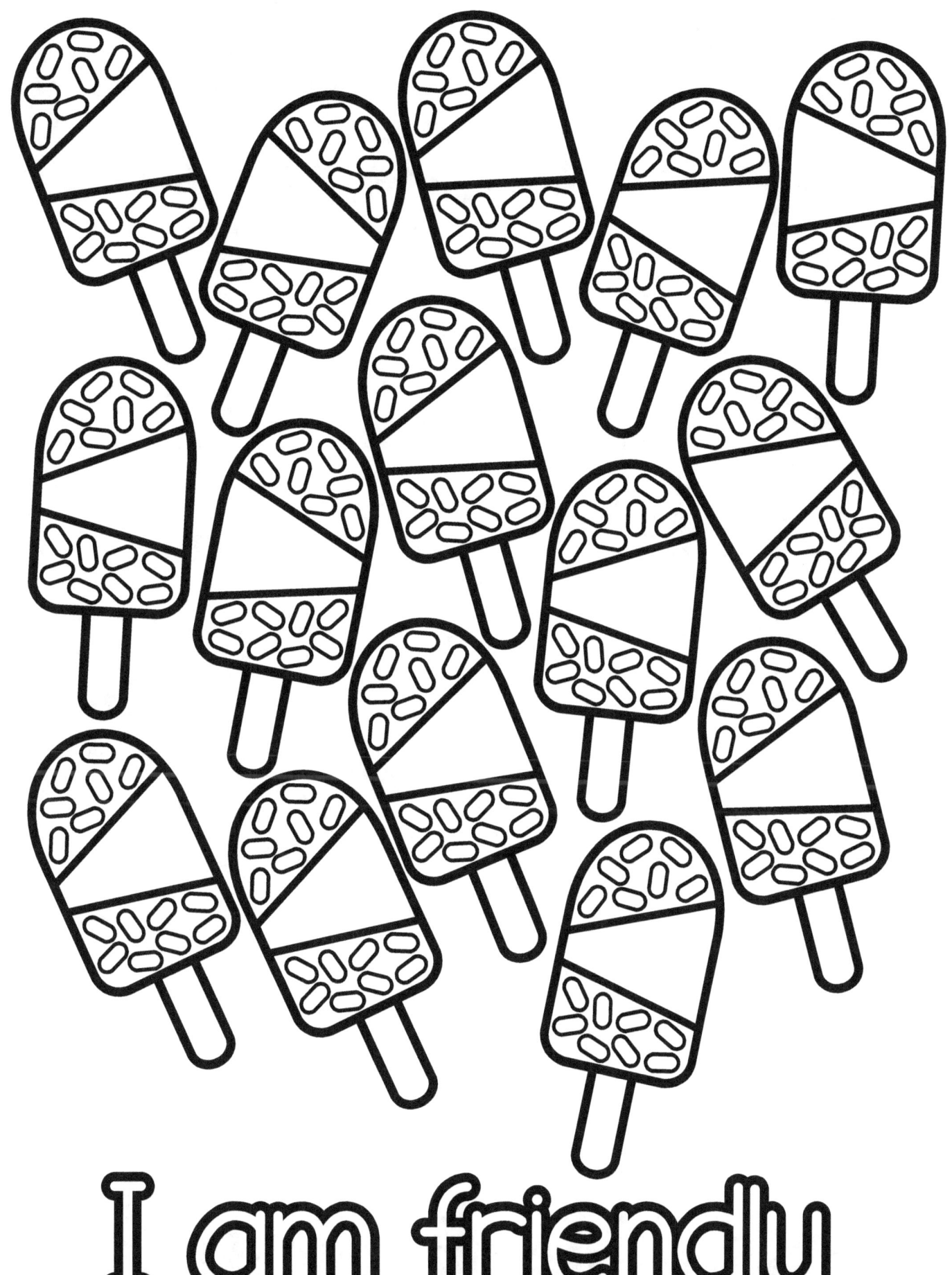

I am friendly

I am friendly

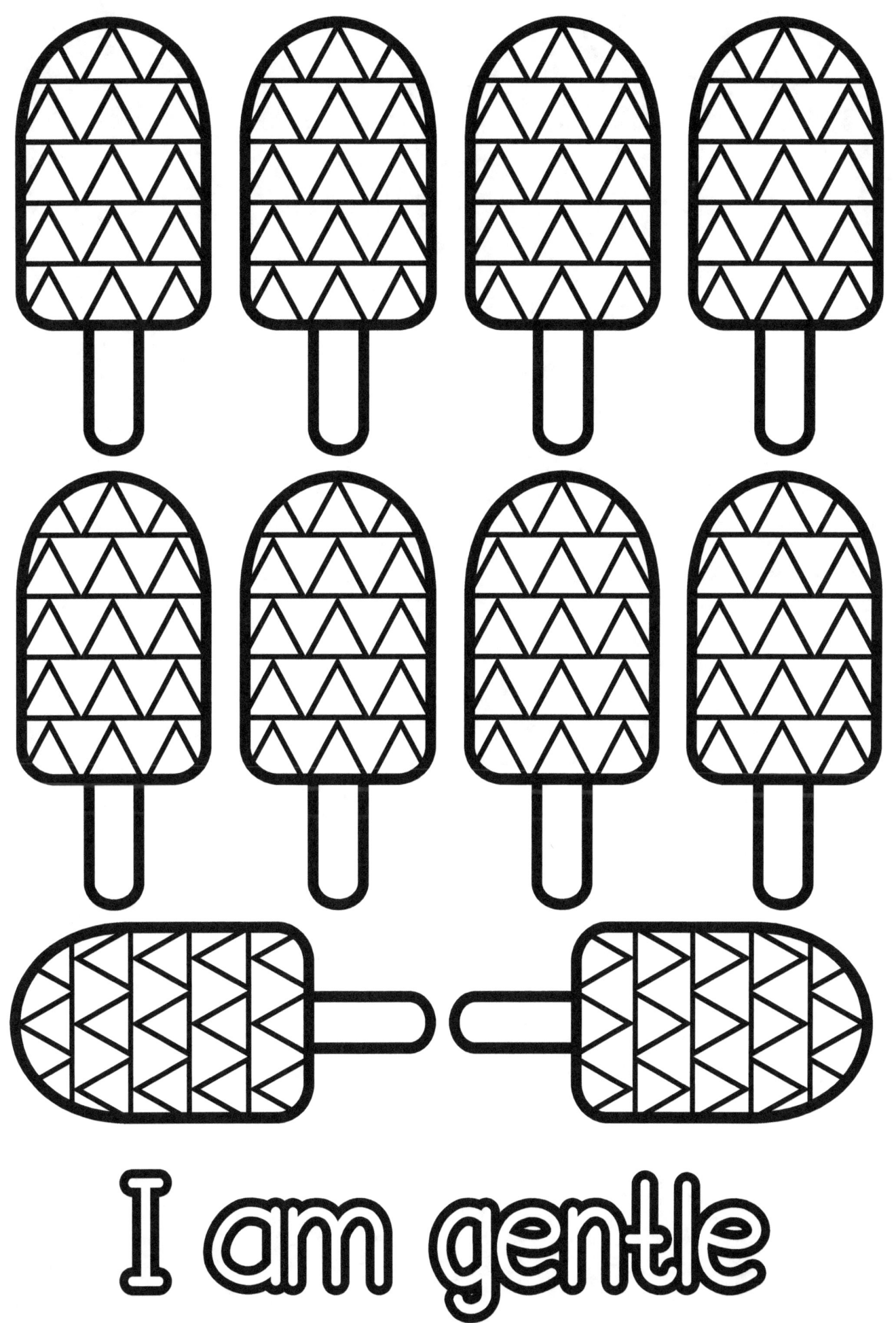

I am gentle

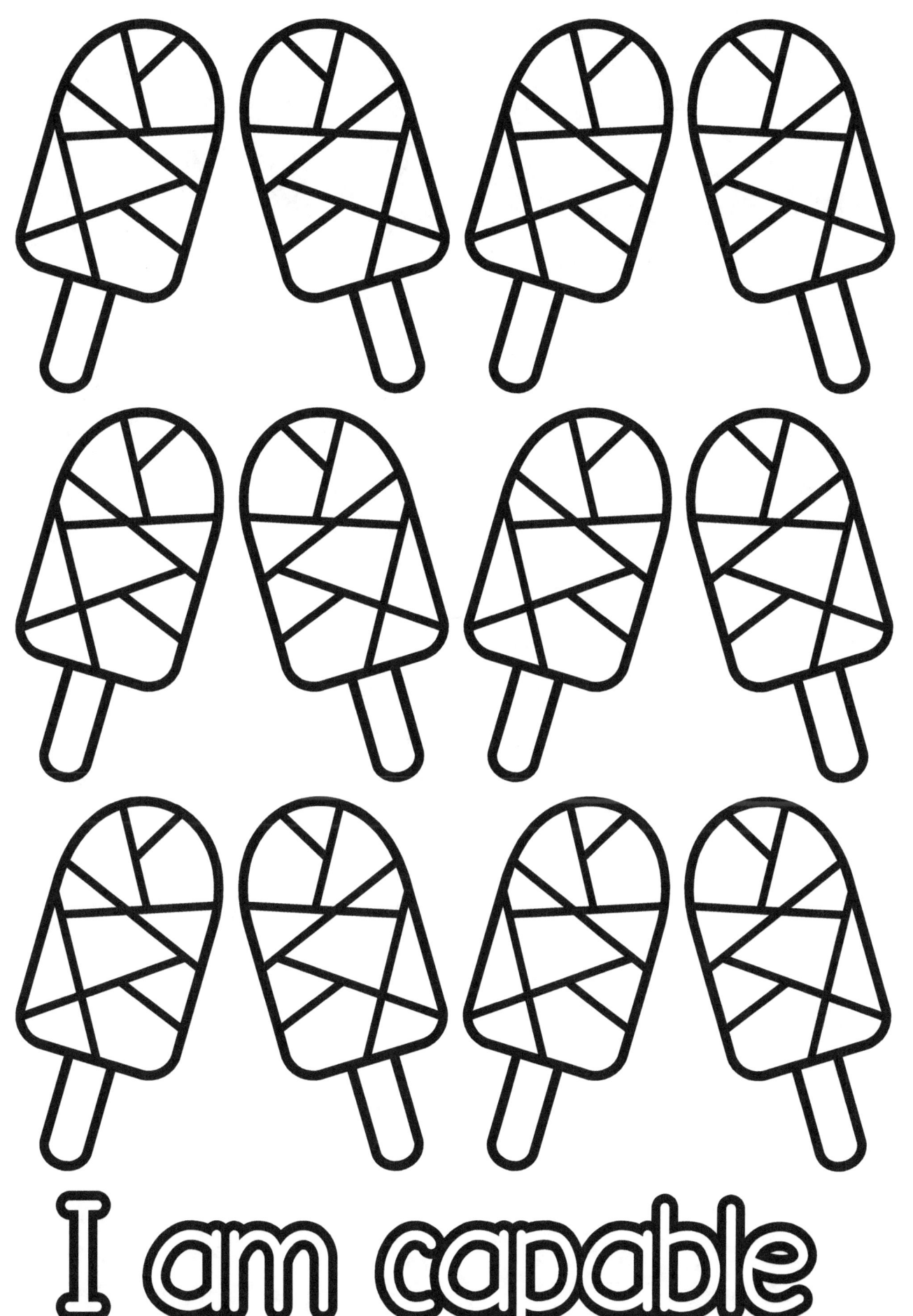

I am capable

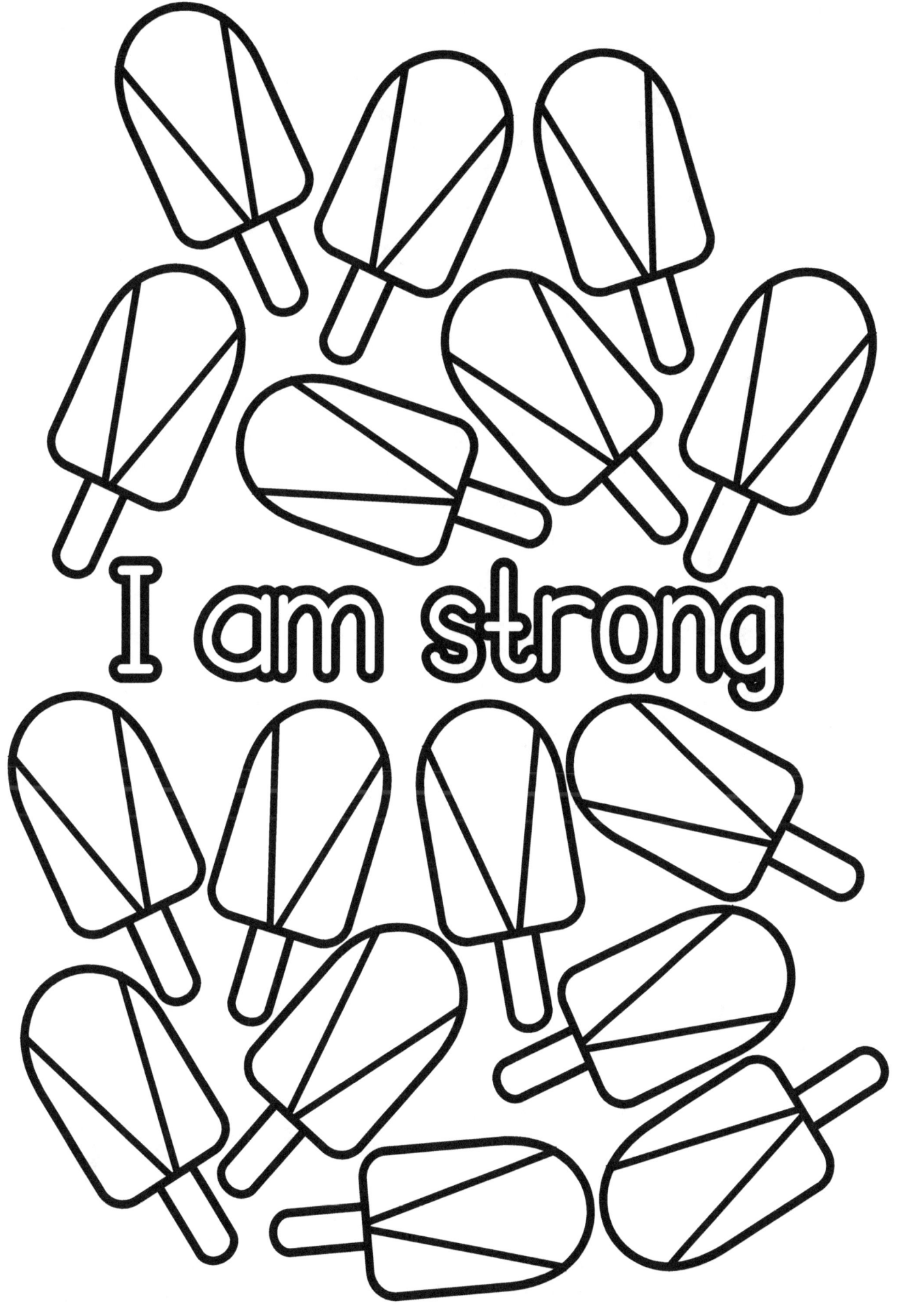

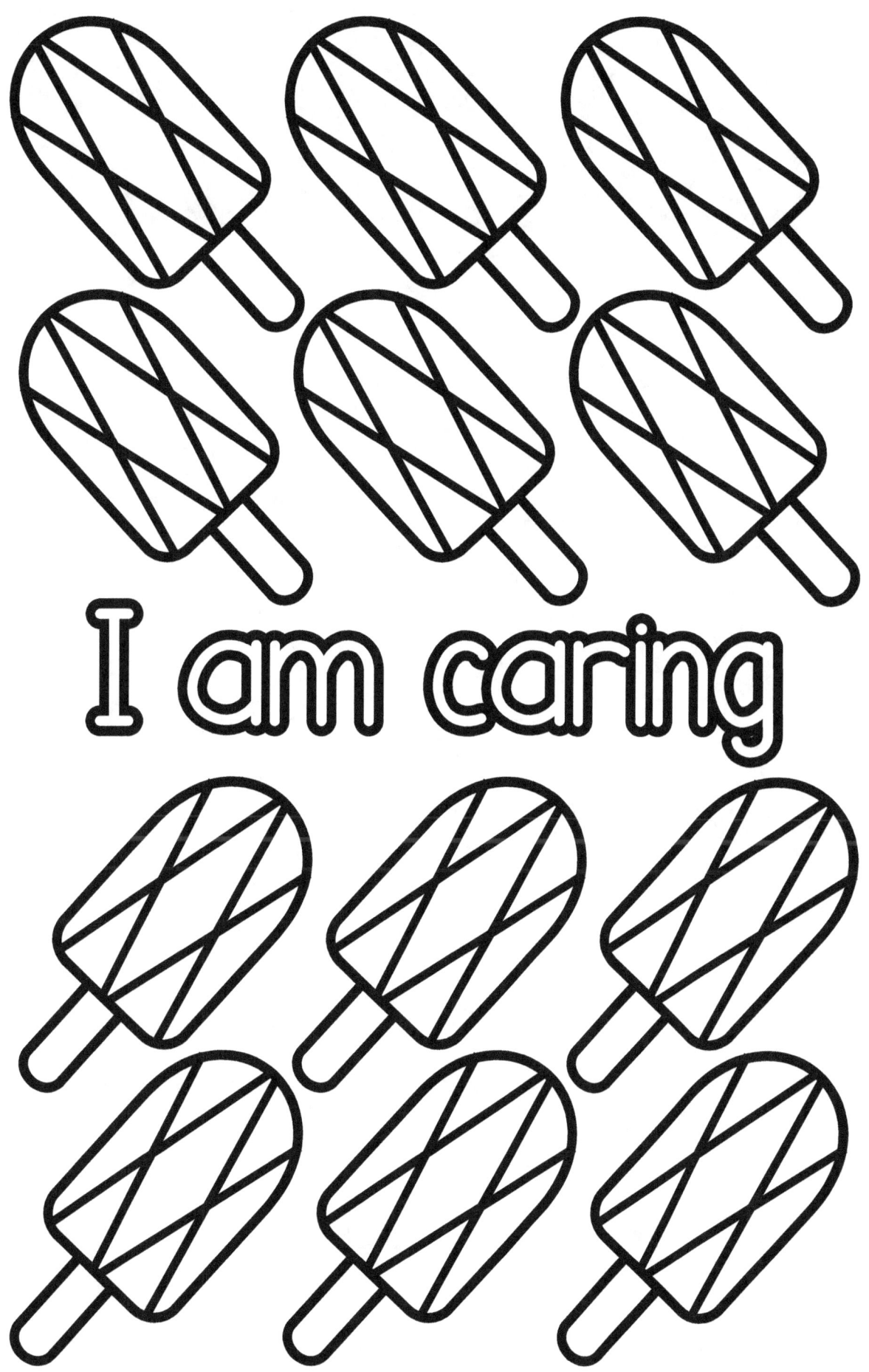

I am caring

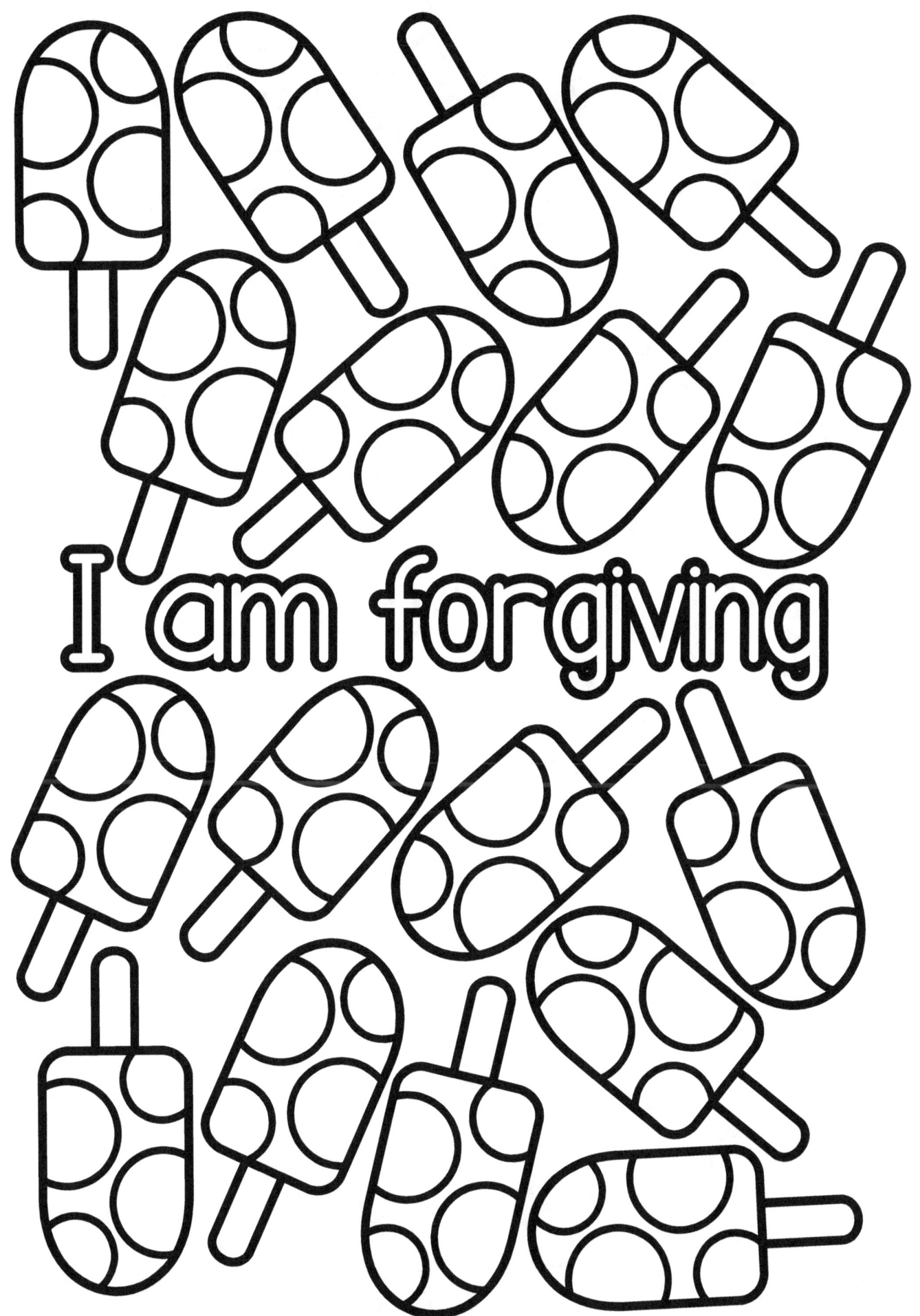

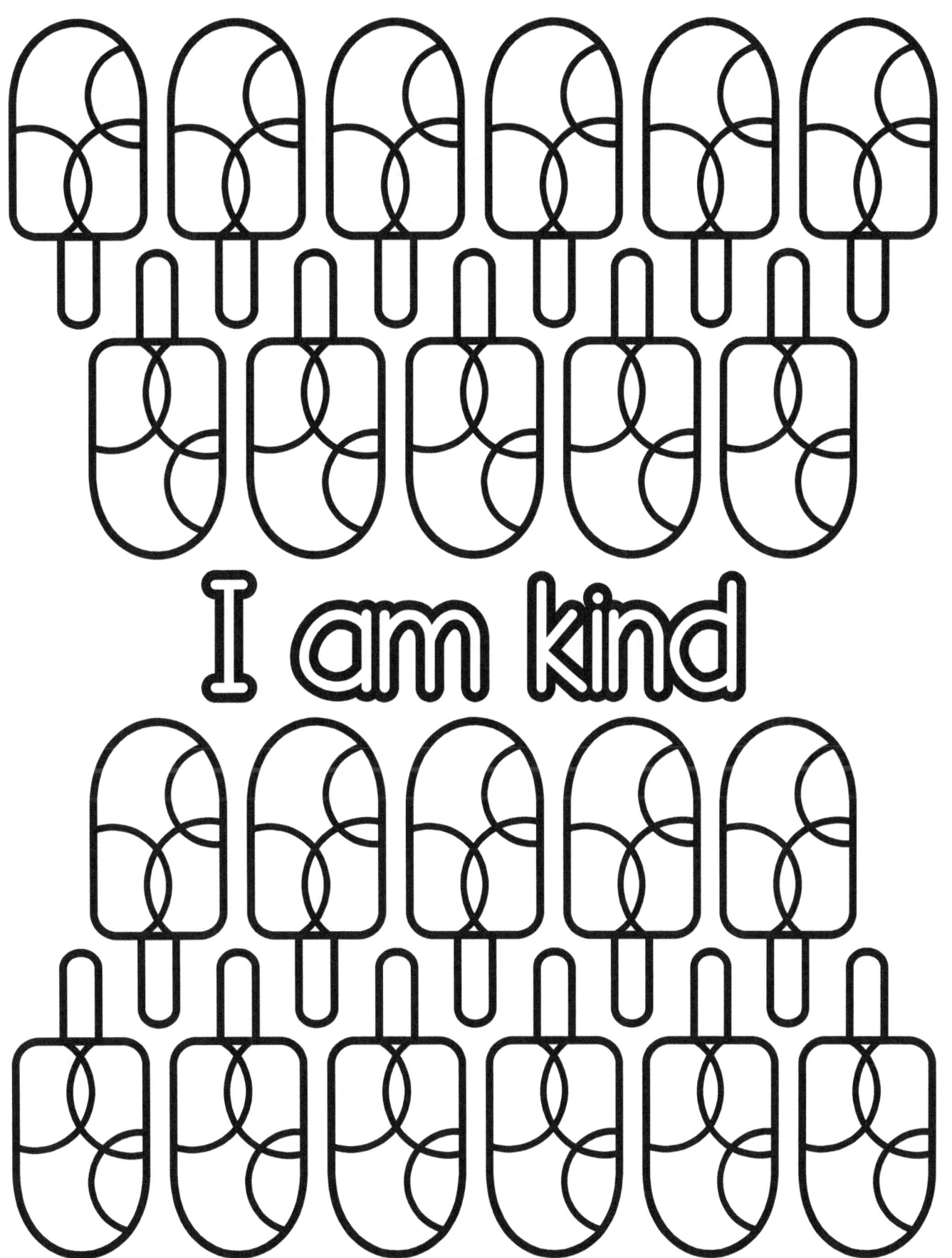

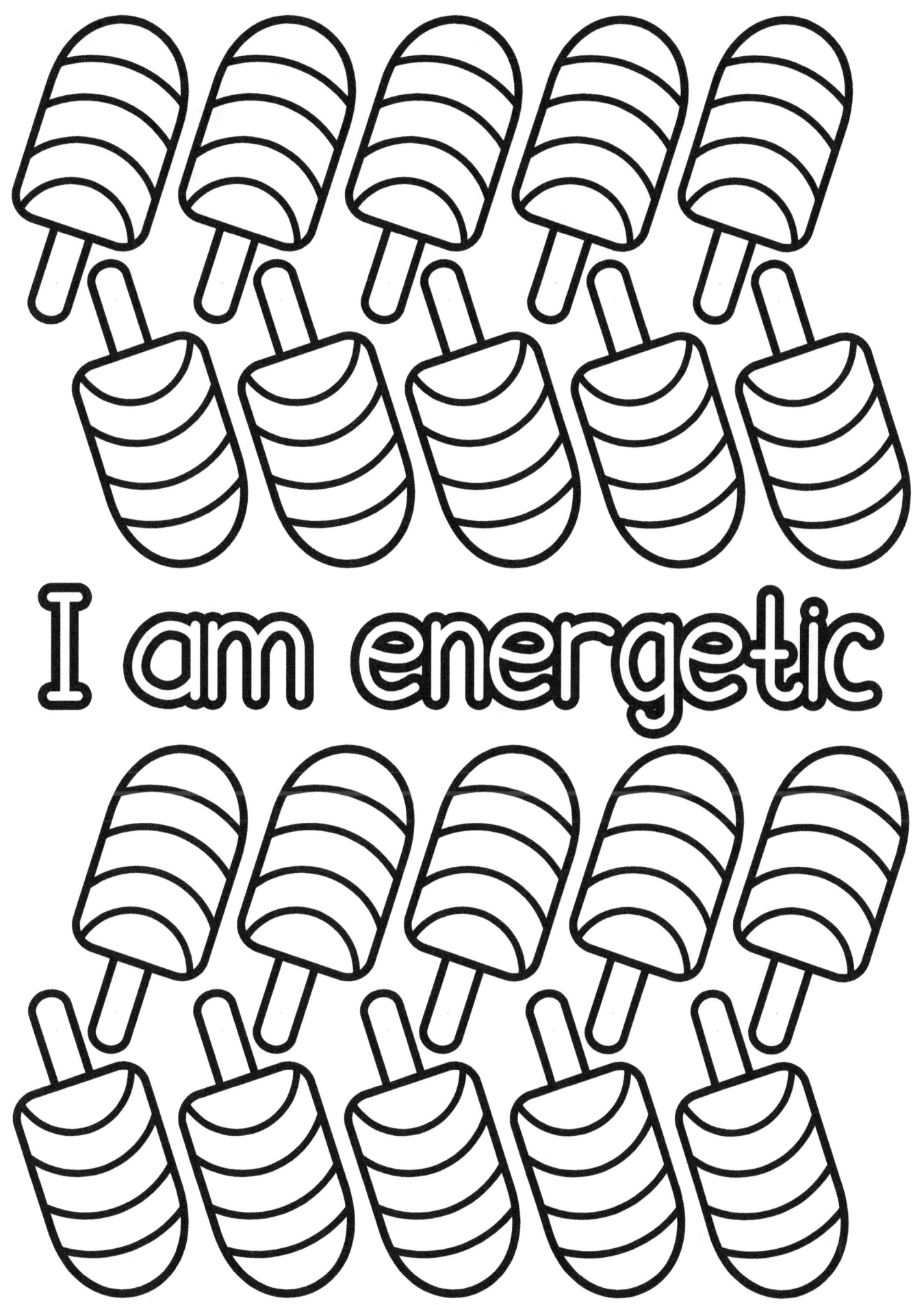

I am energetic

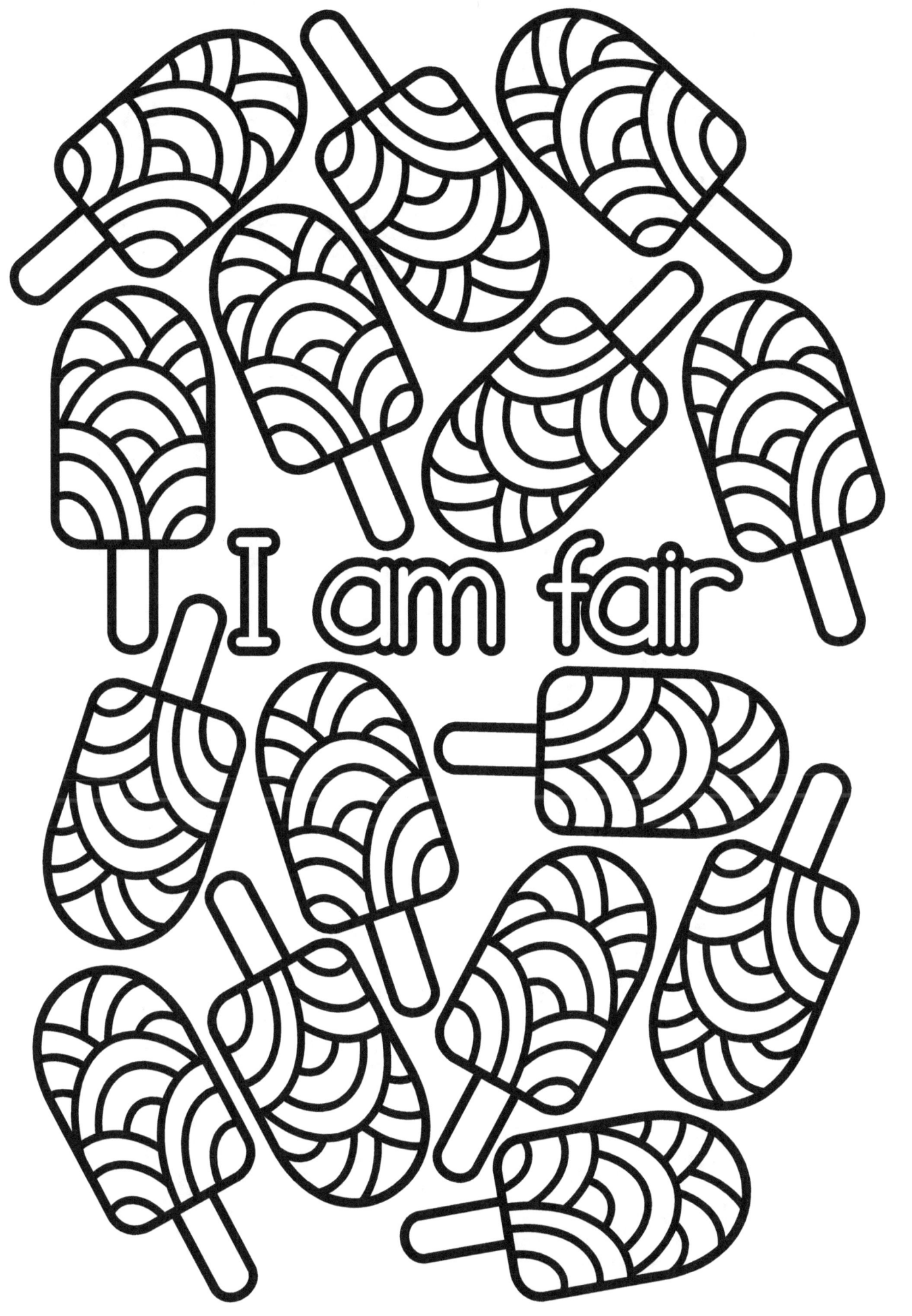

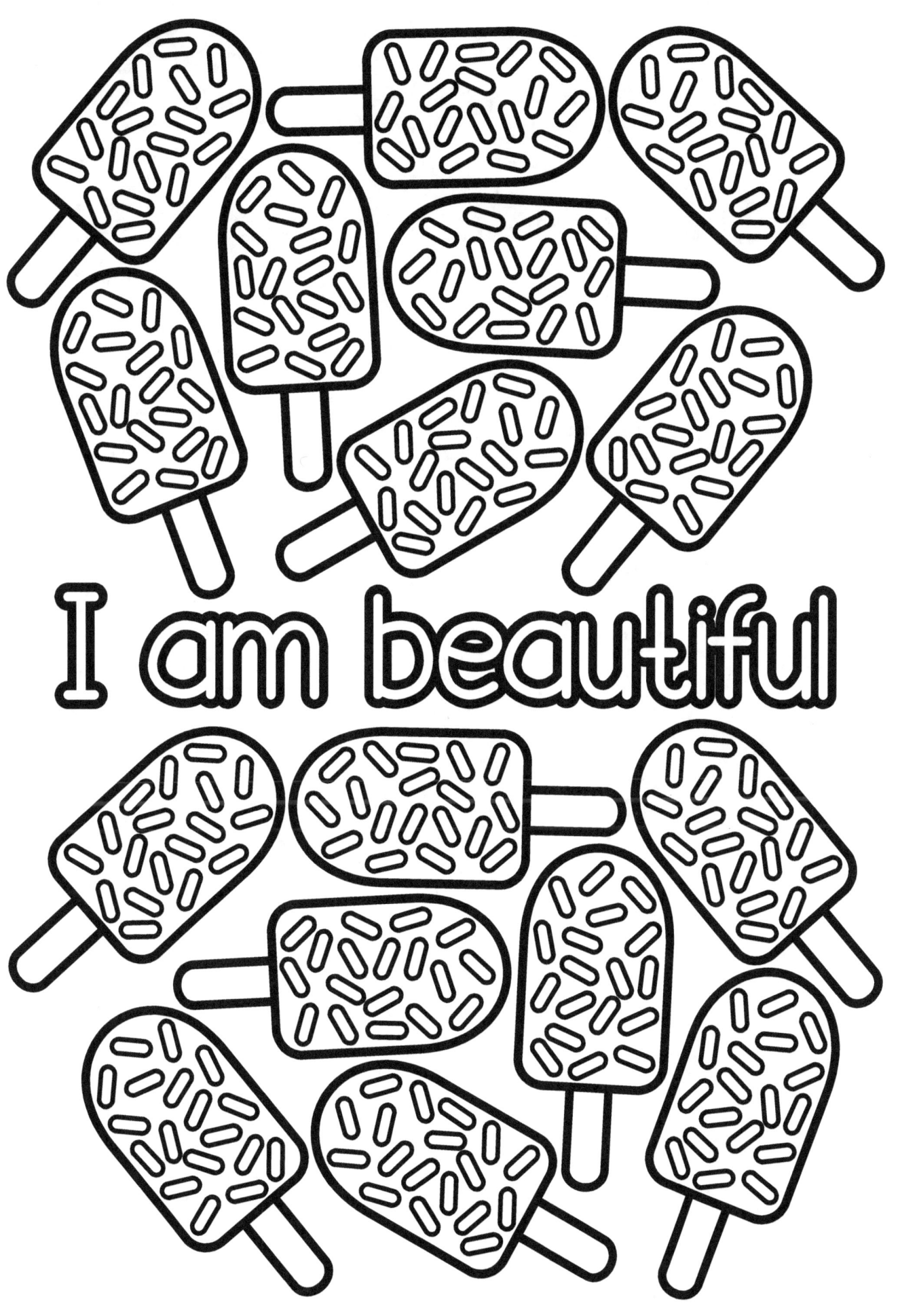

I am beautiful

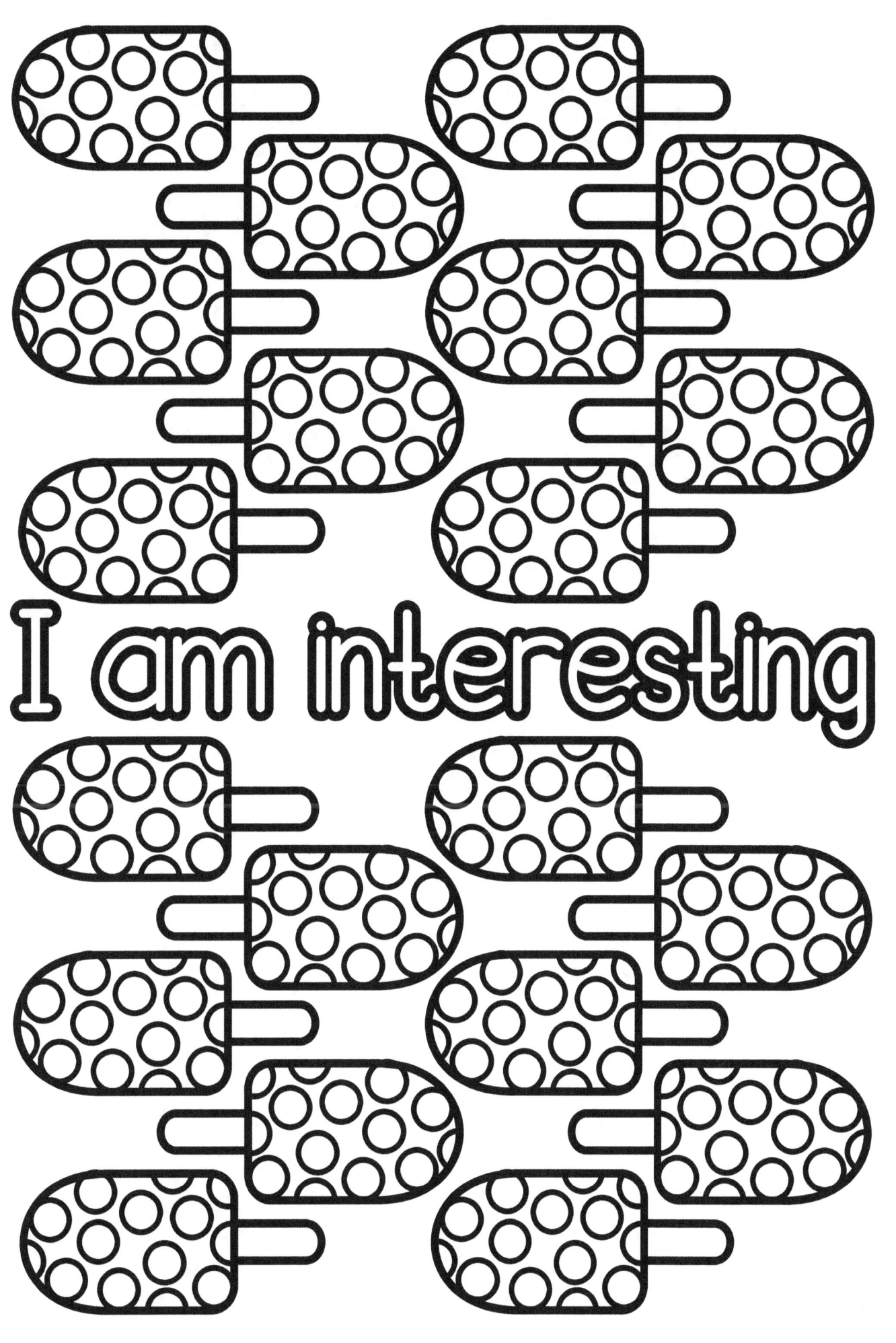

I am interesting

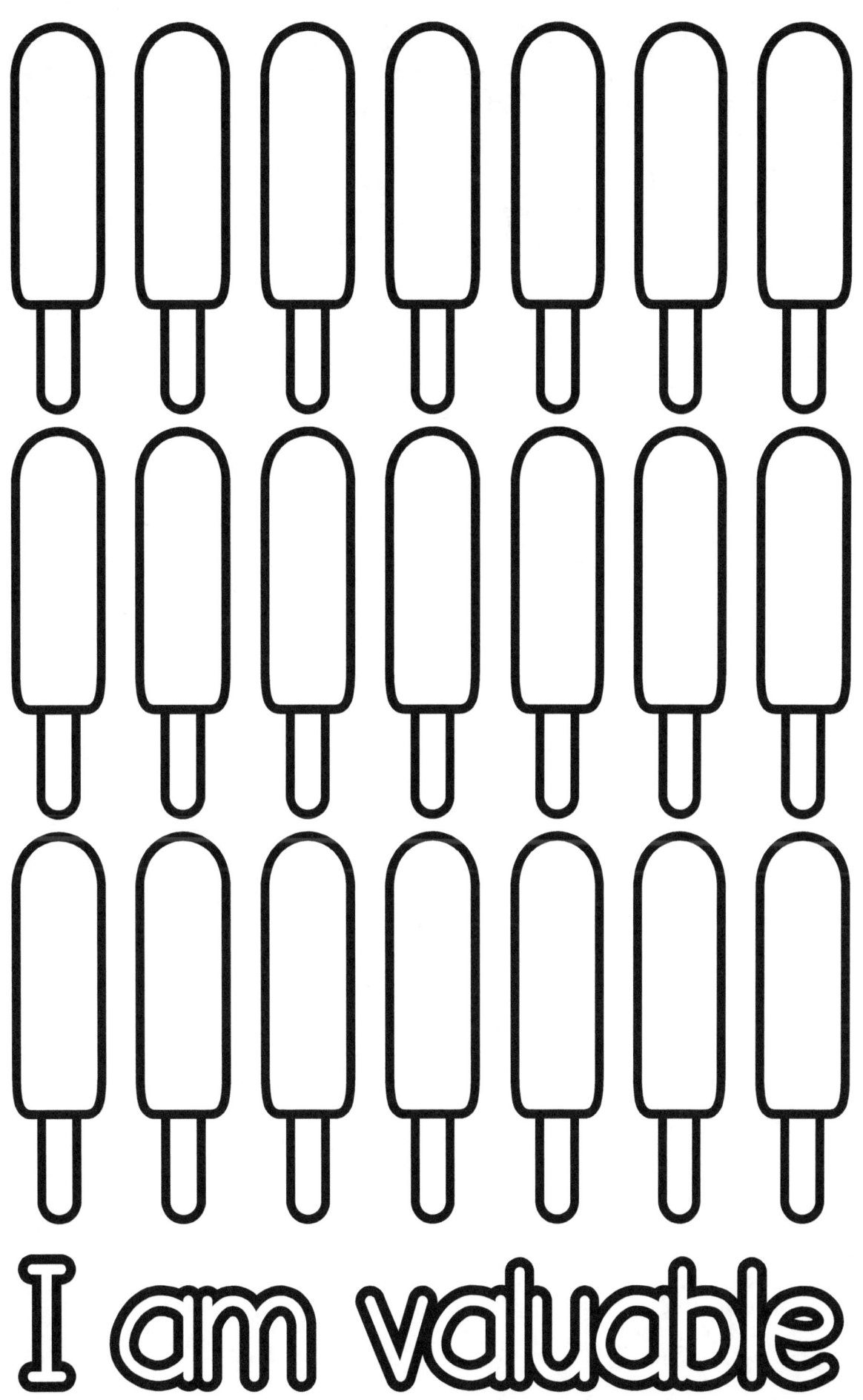

I am valuable

I am important

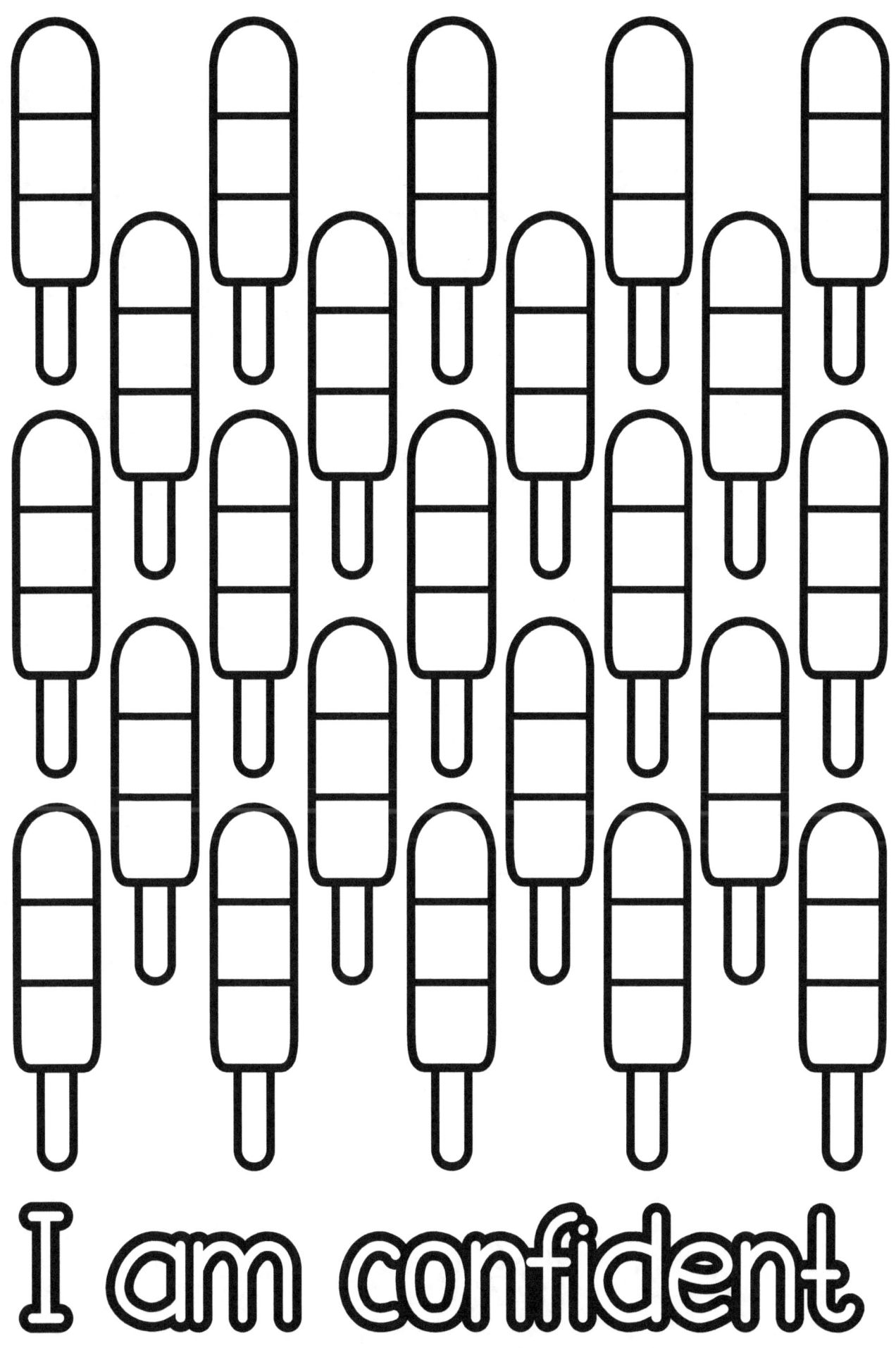

I am confident

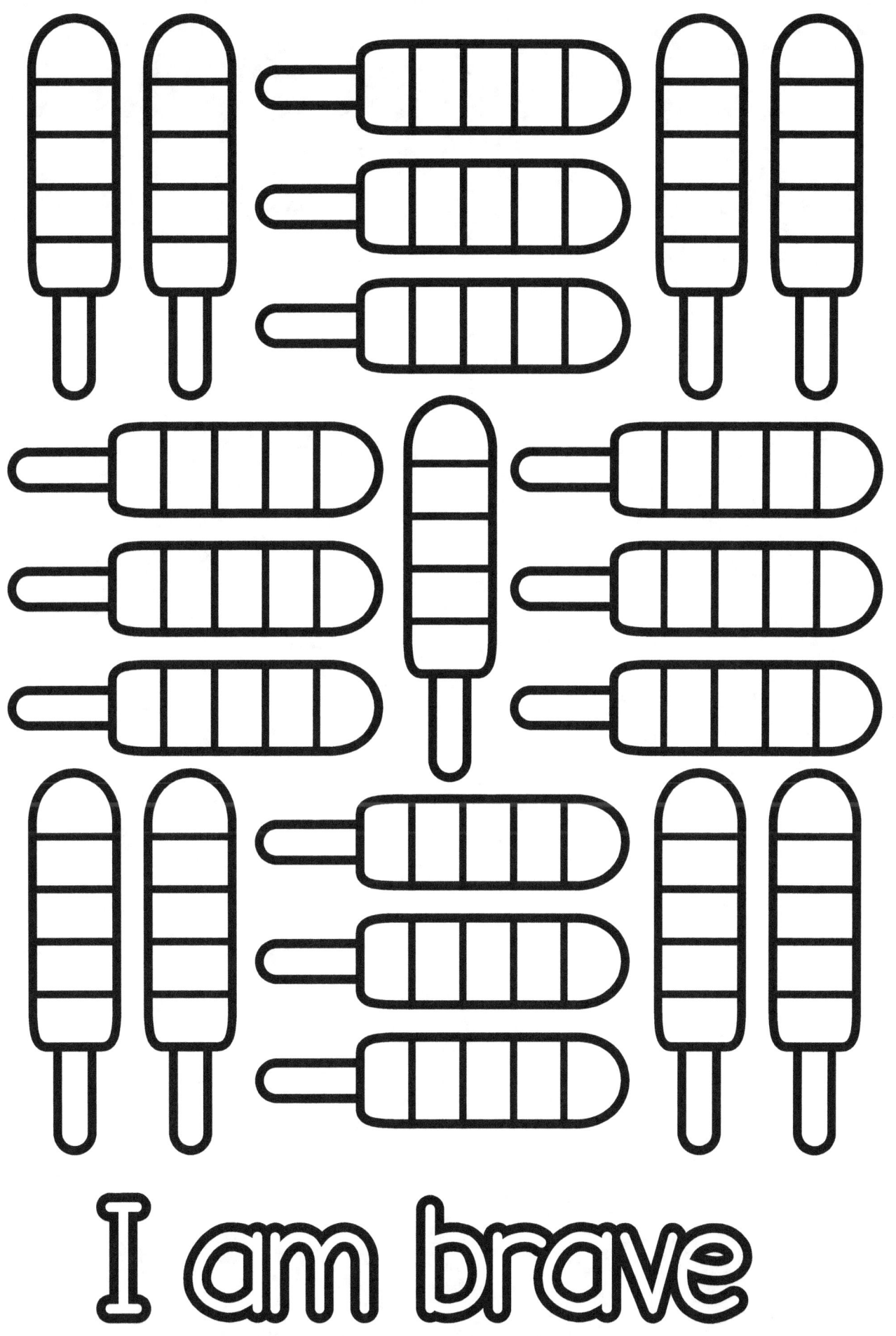

I am brave

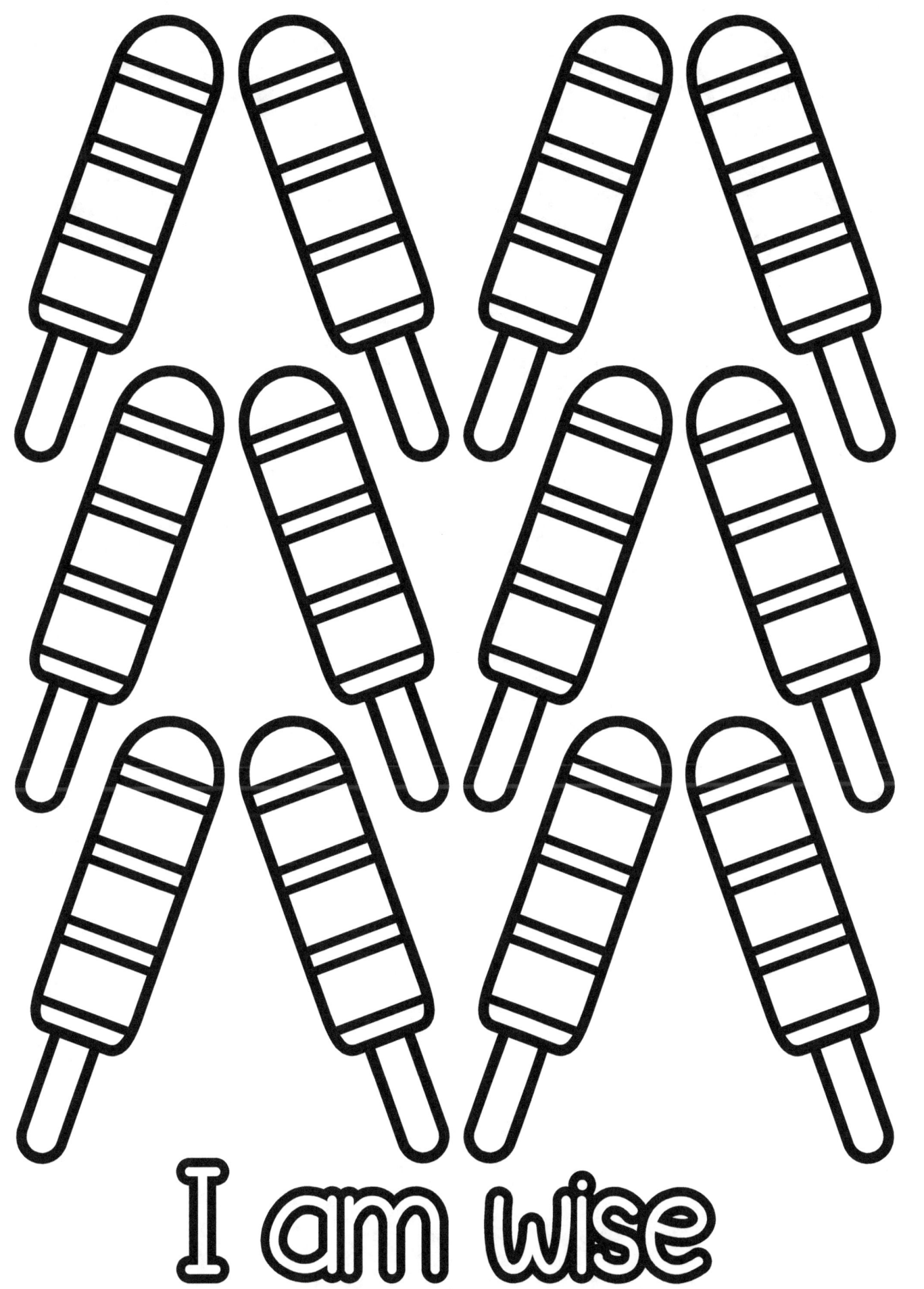

I am wise

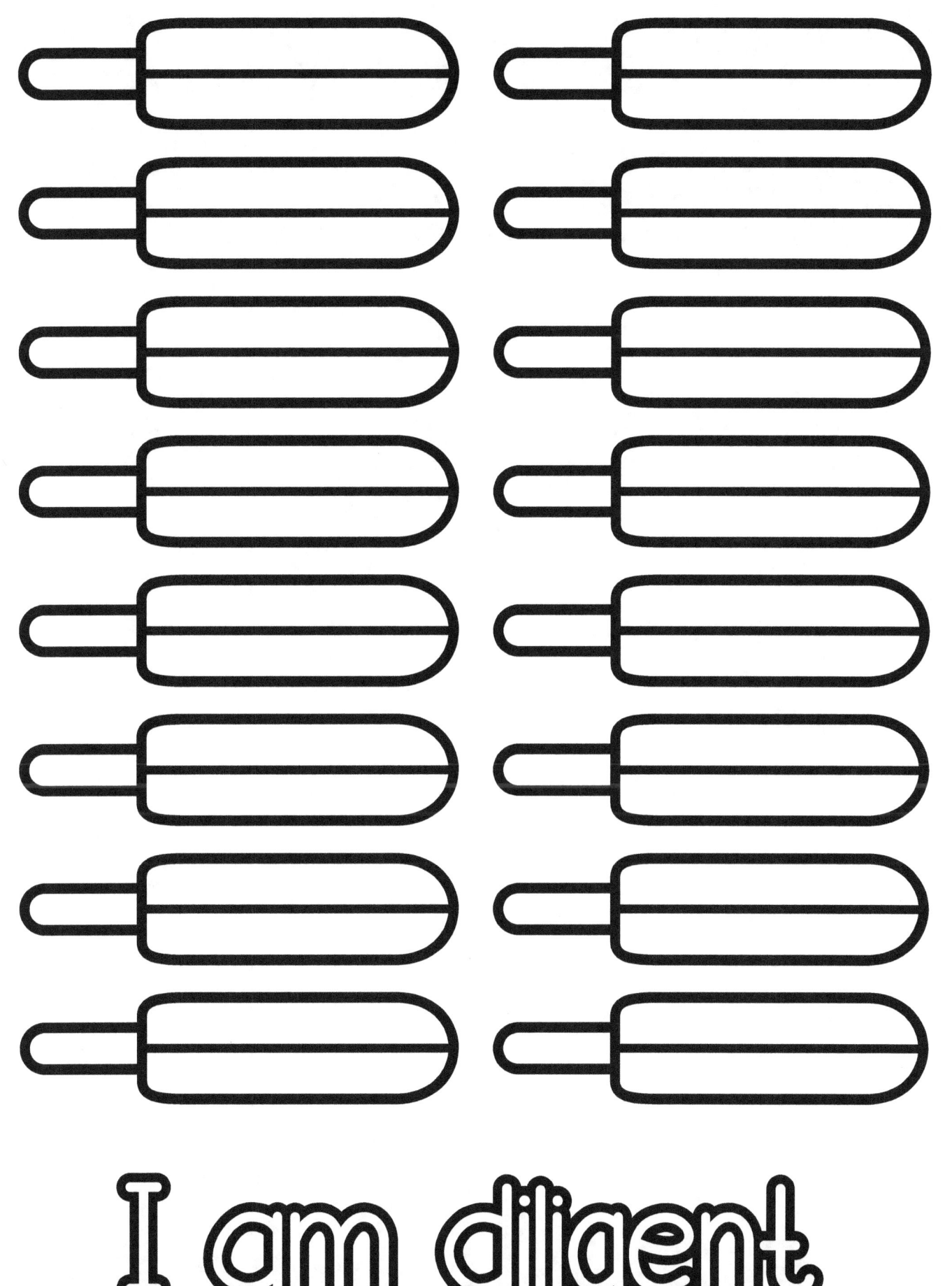

I am diligent

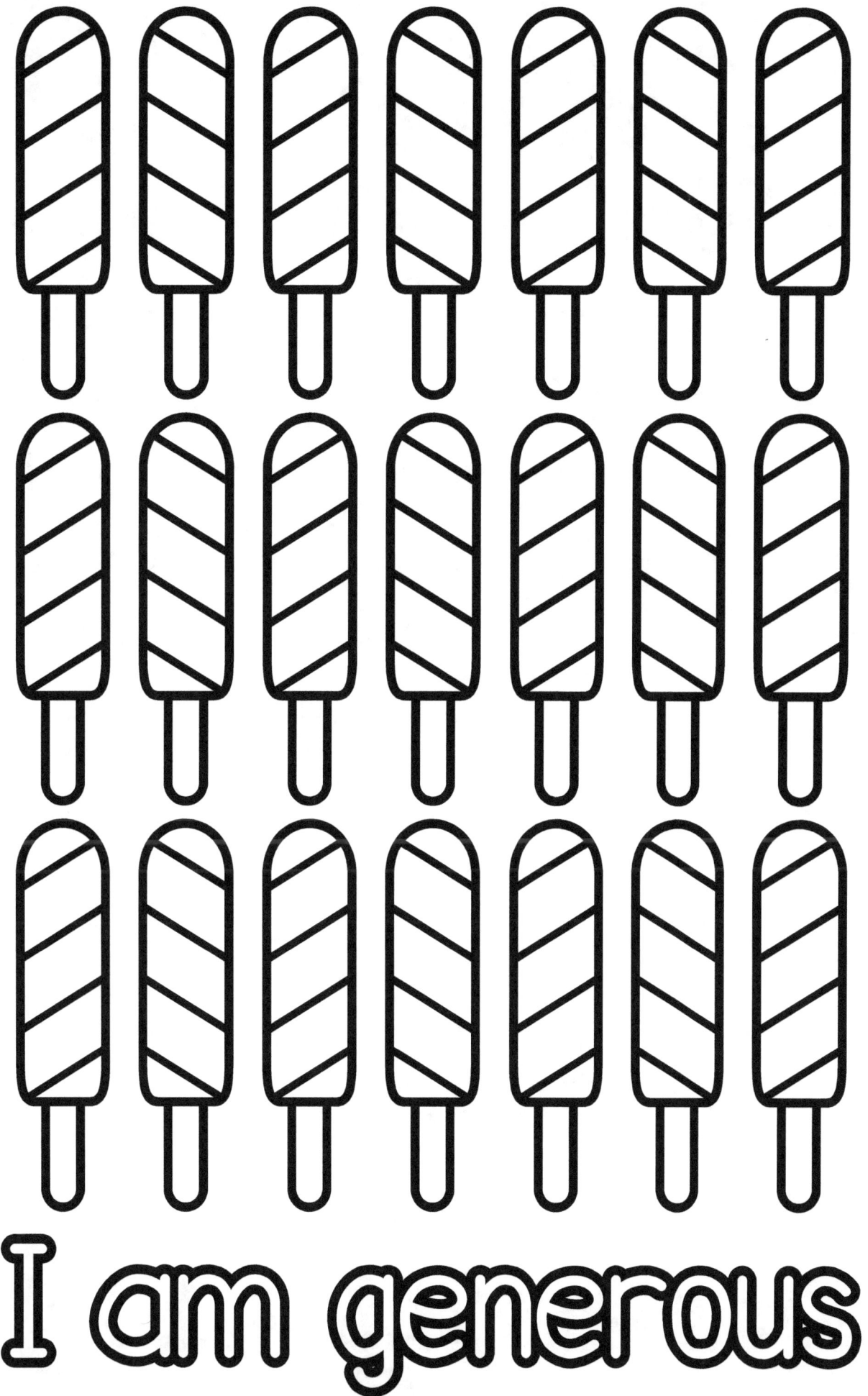

I am generous

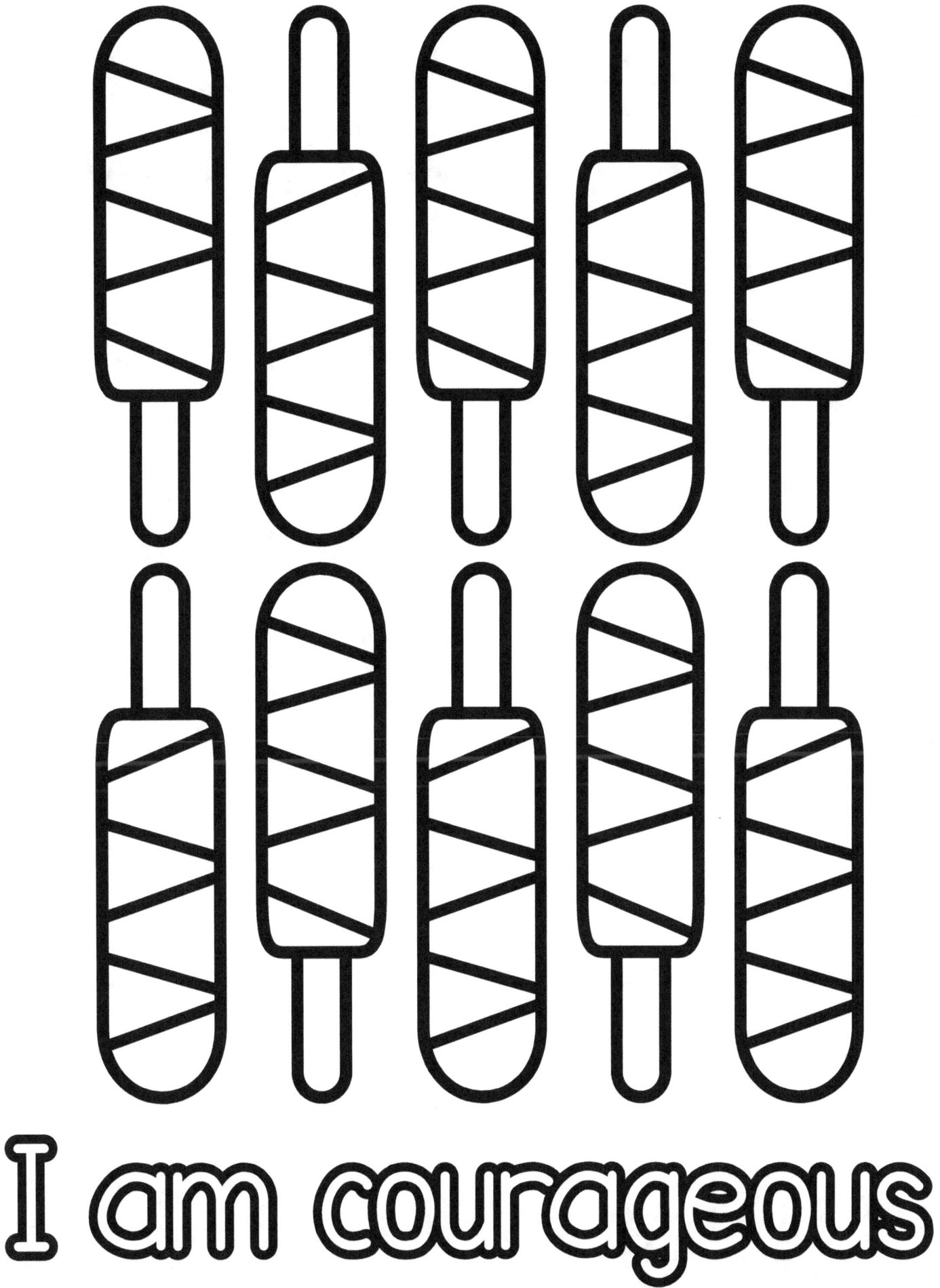

I am courageous

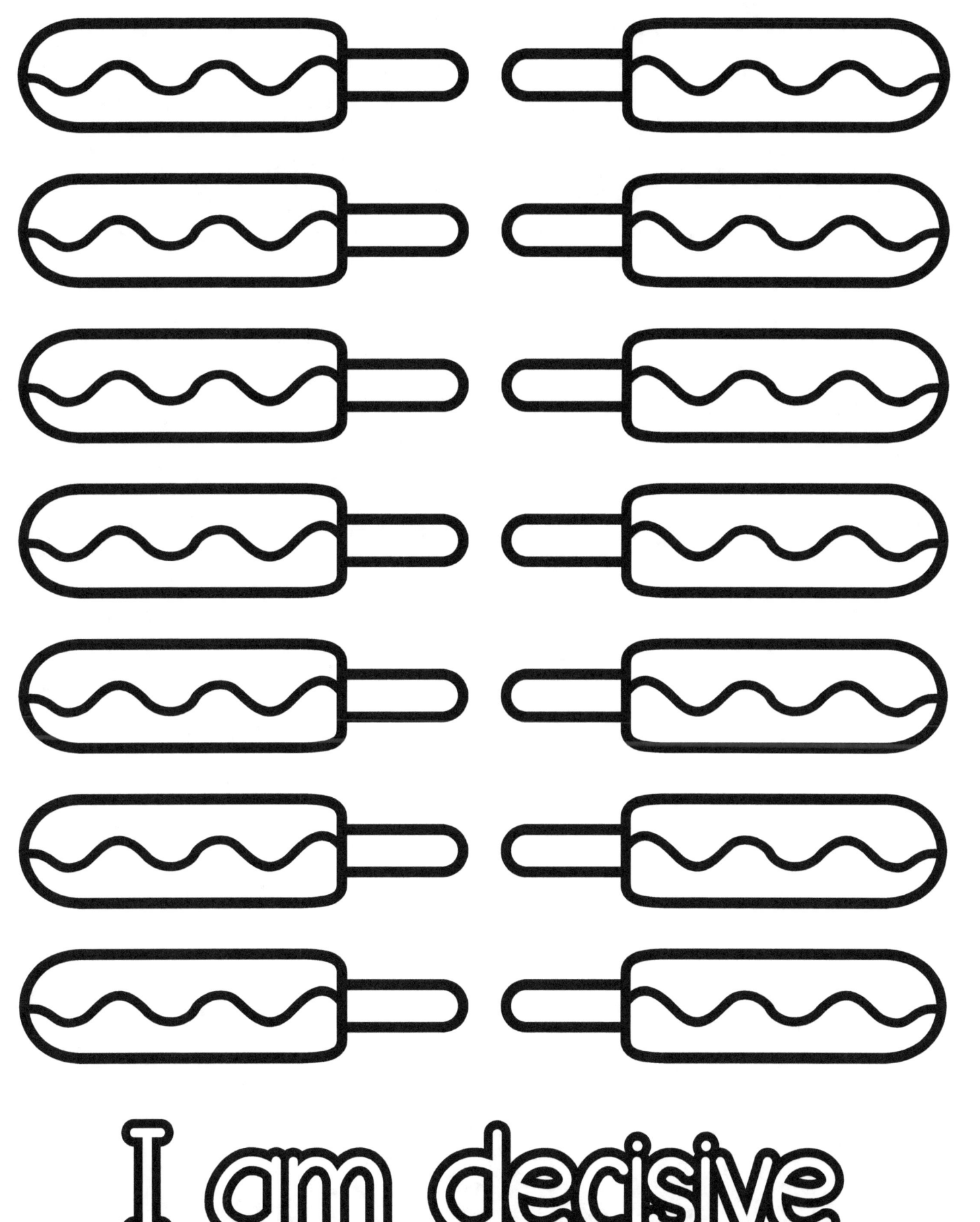

I am decisive

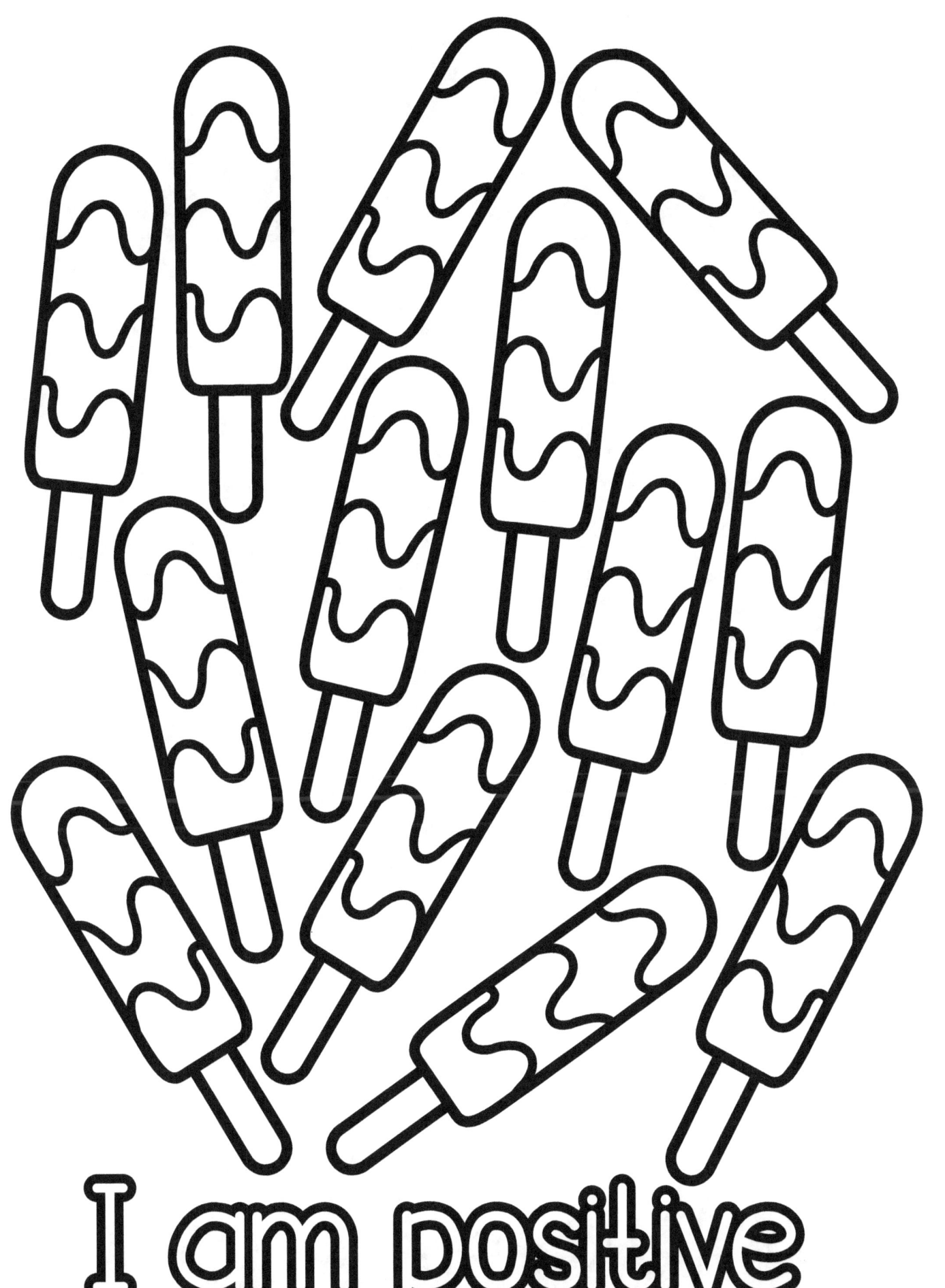

I am positive

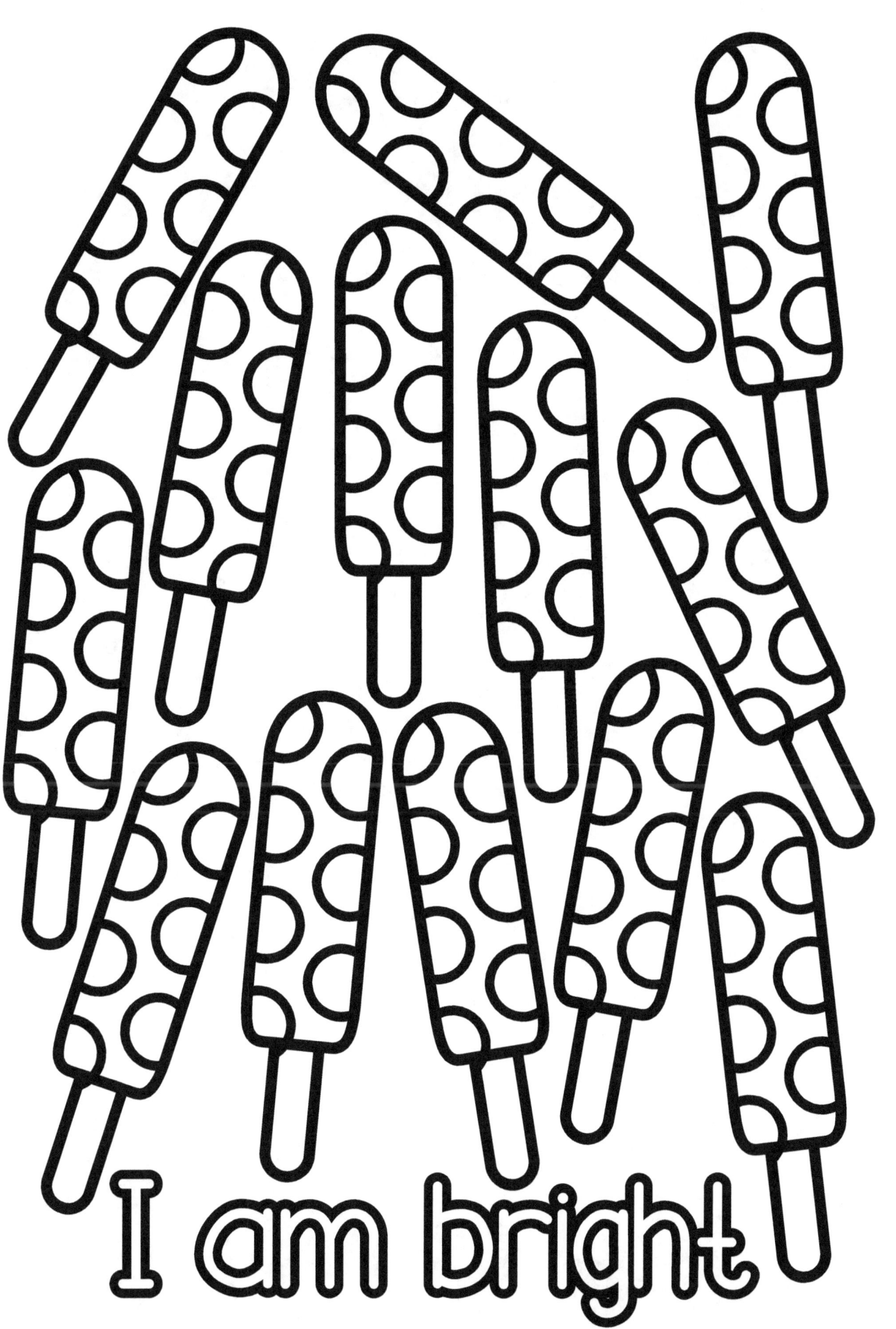

I am bright

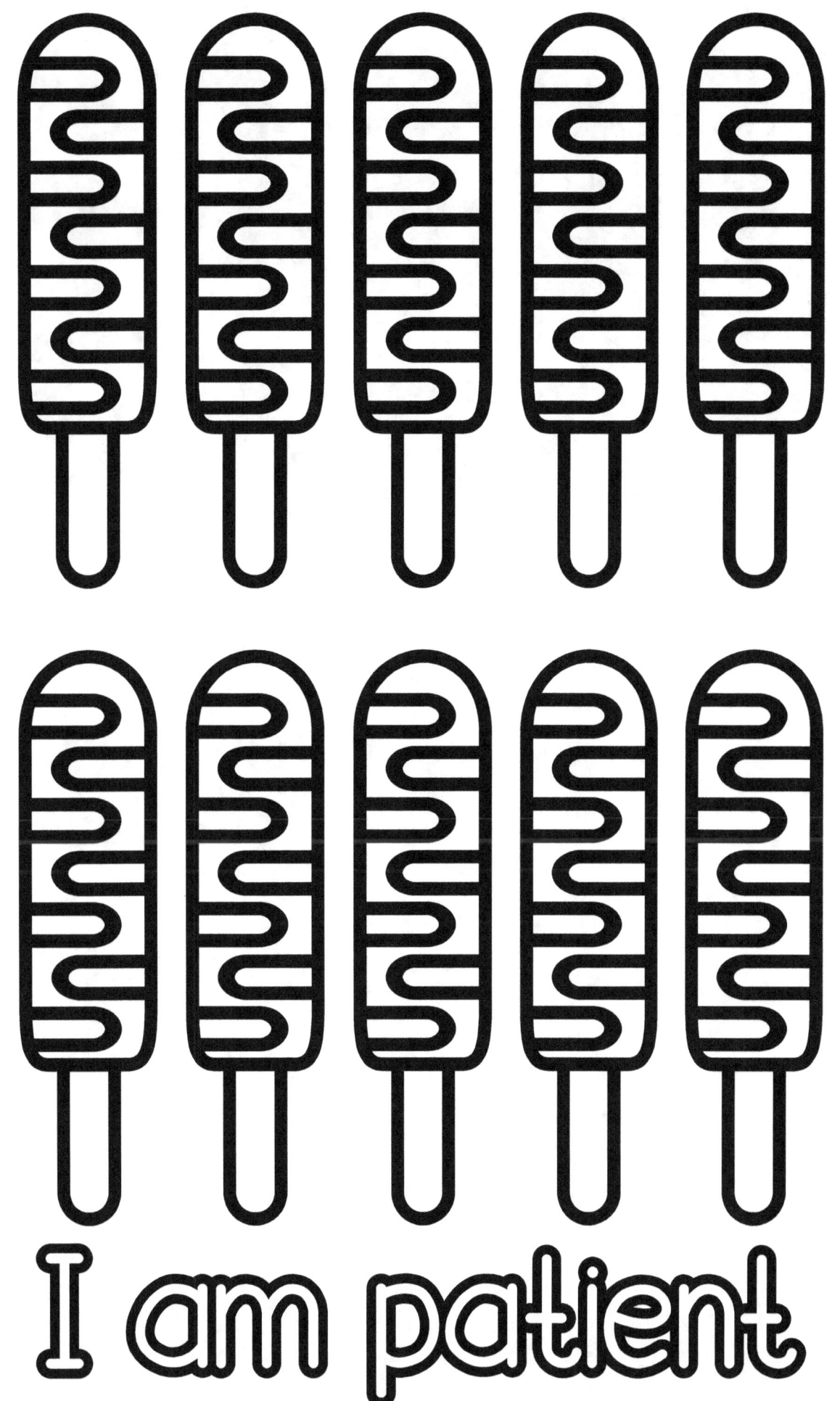

I am patient

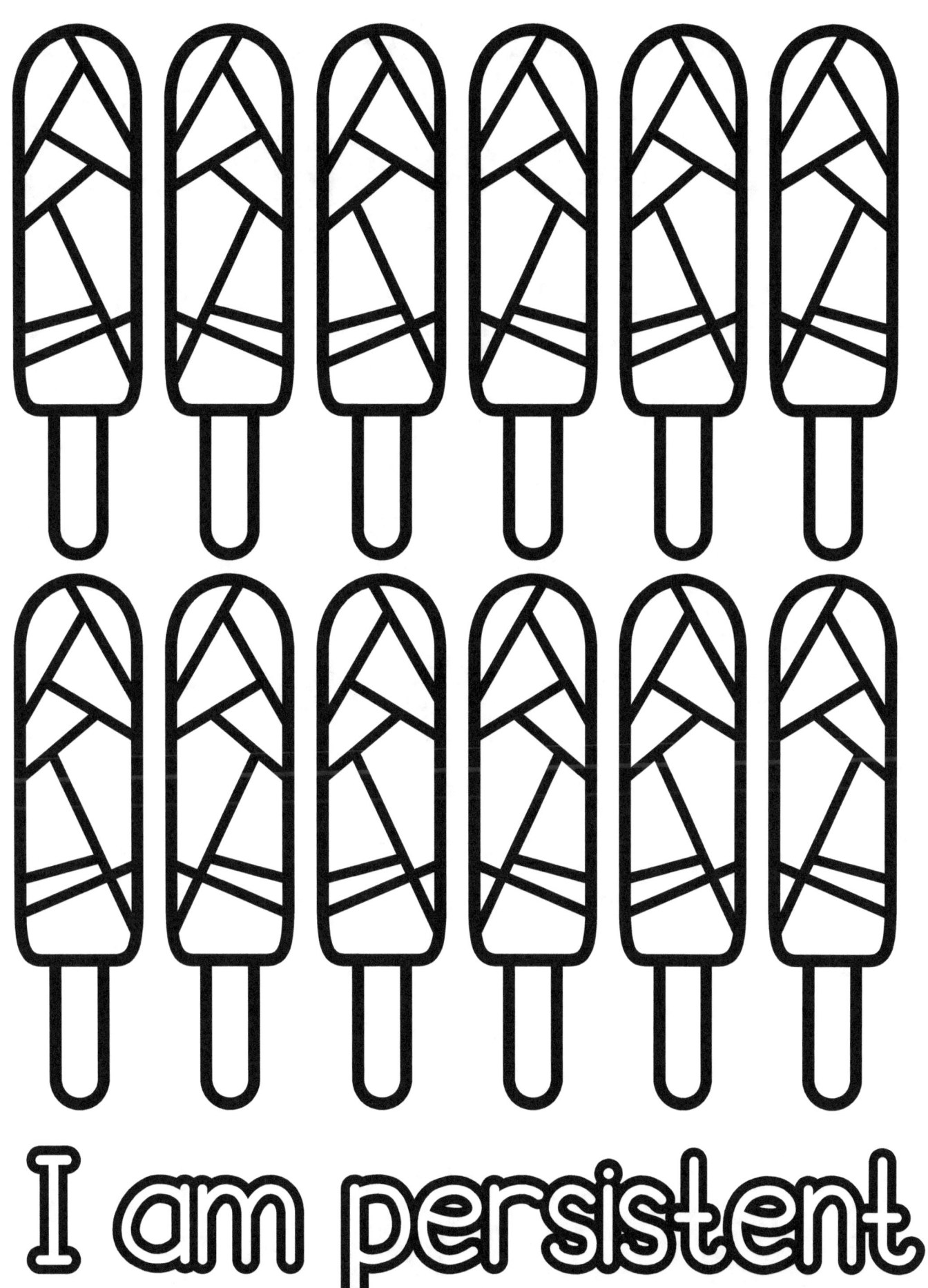

I am persistent

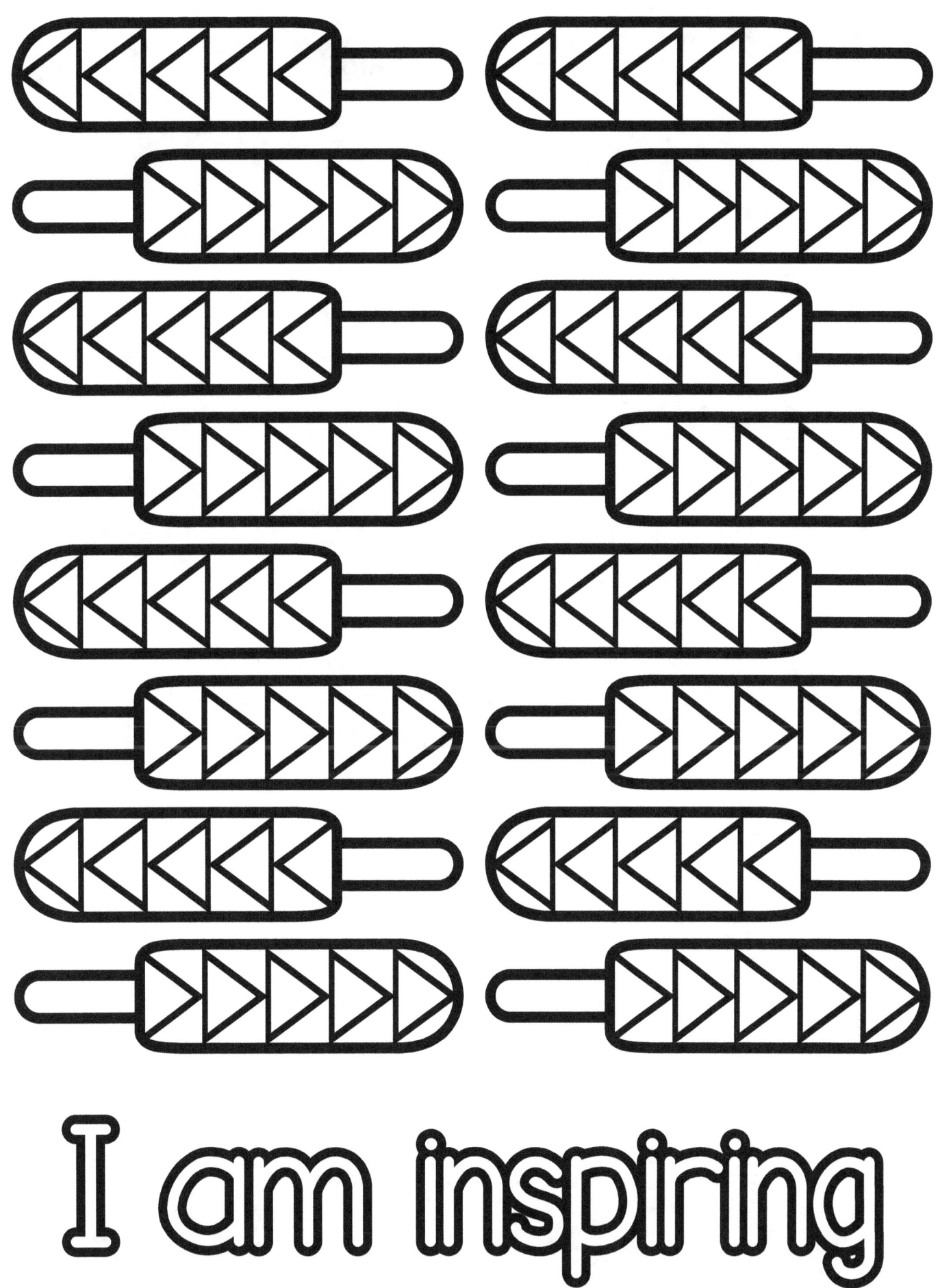

I am inspiring

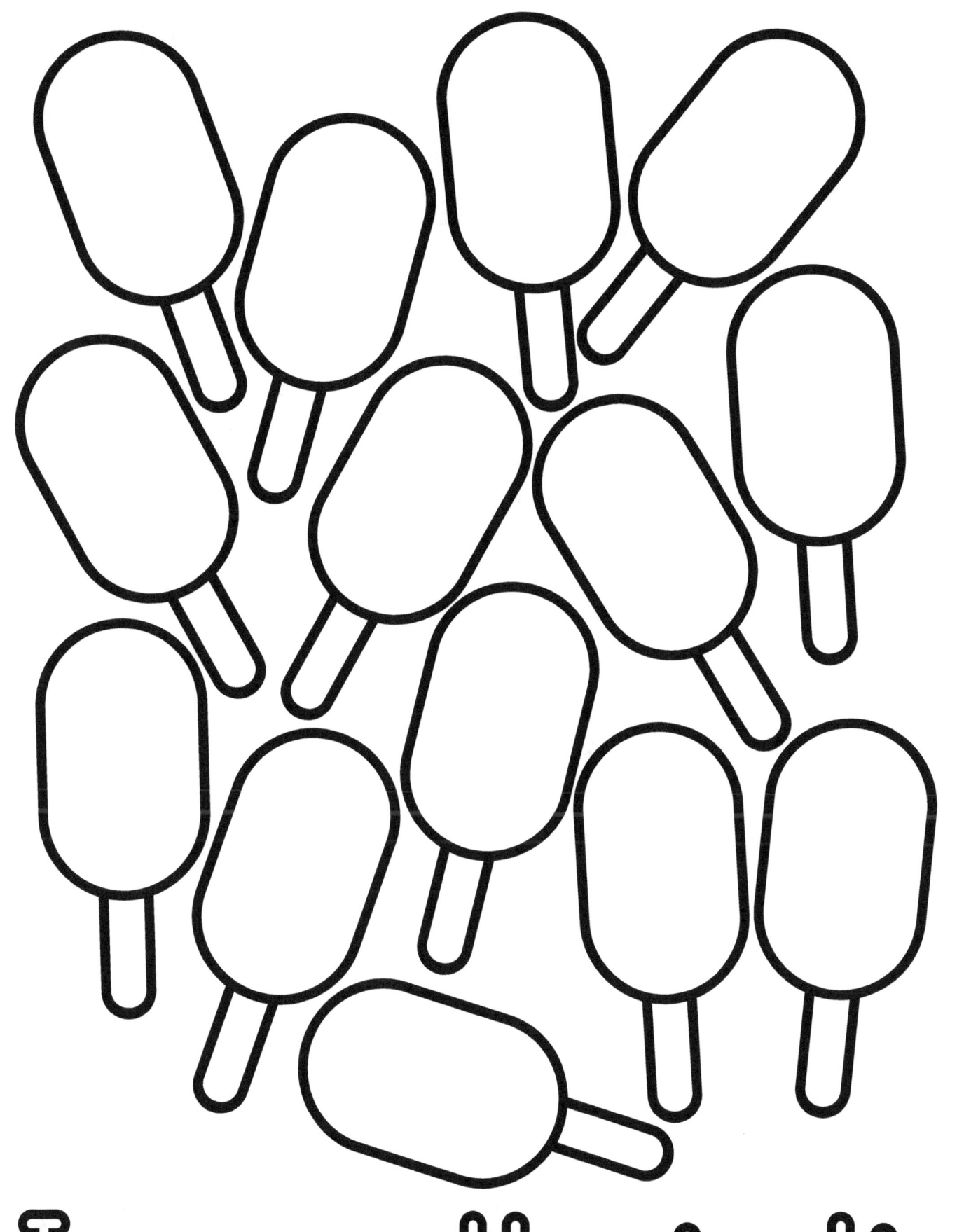

I am enthusiastic

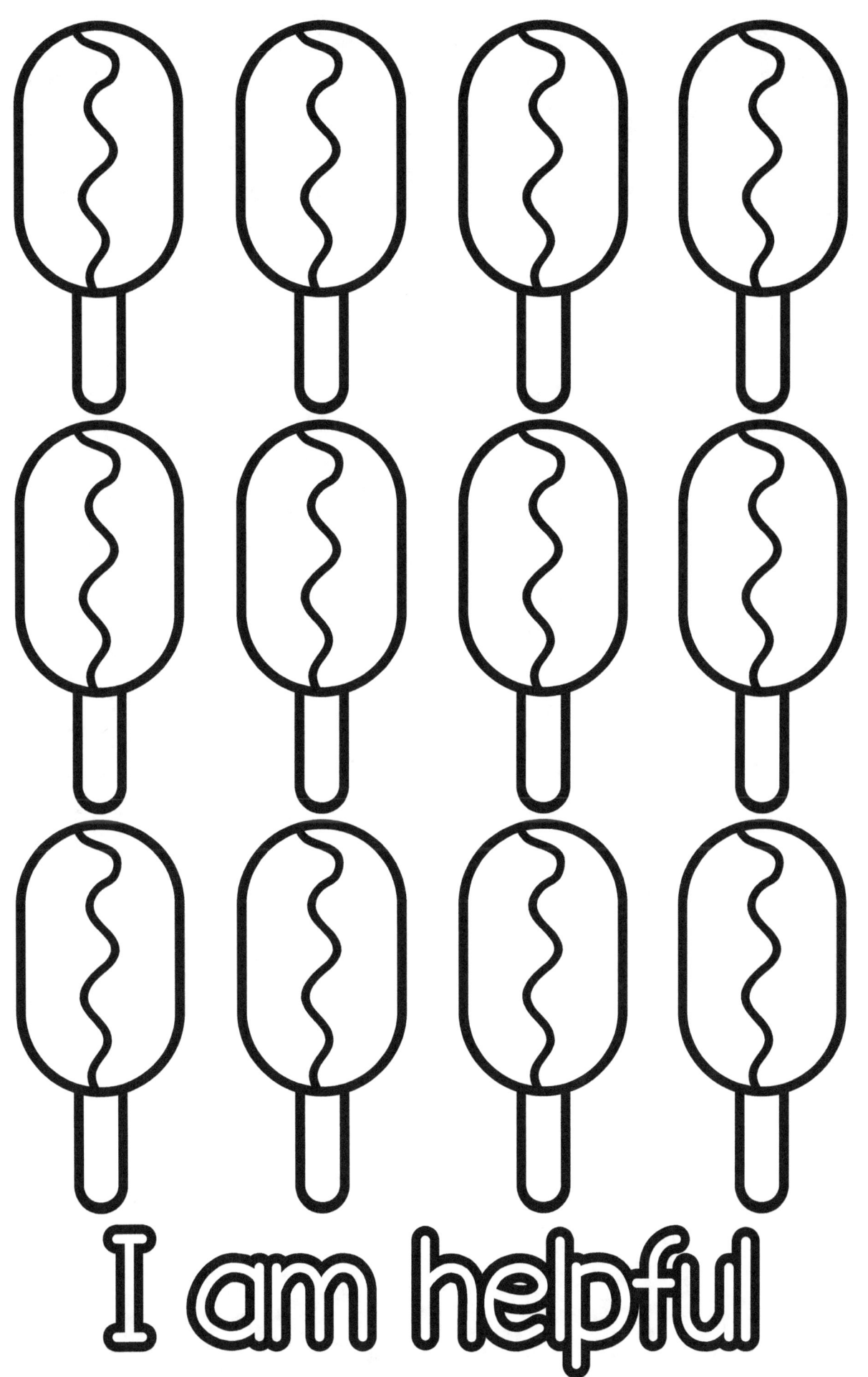

I am helpful

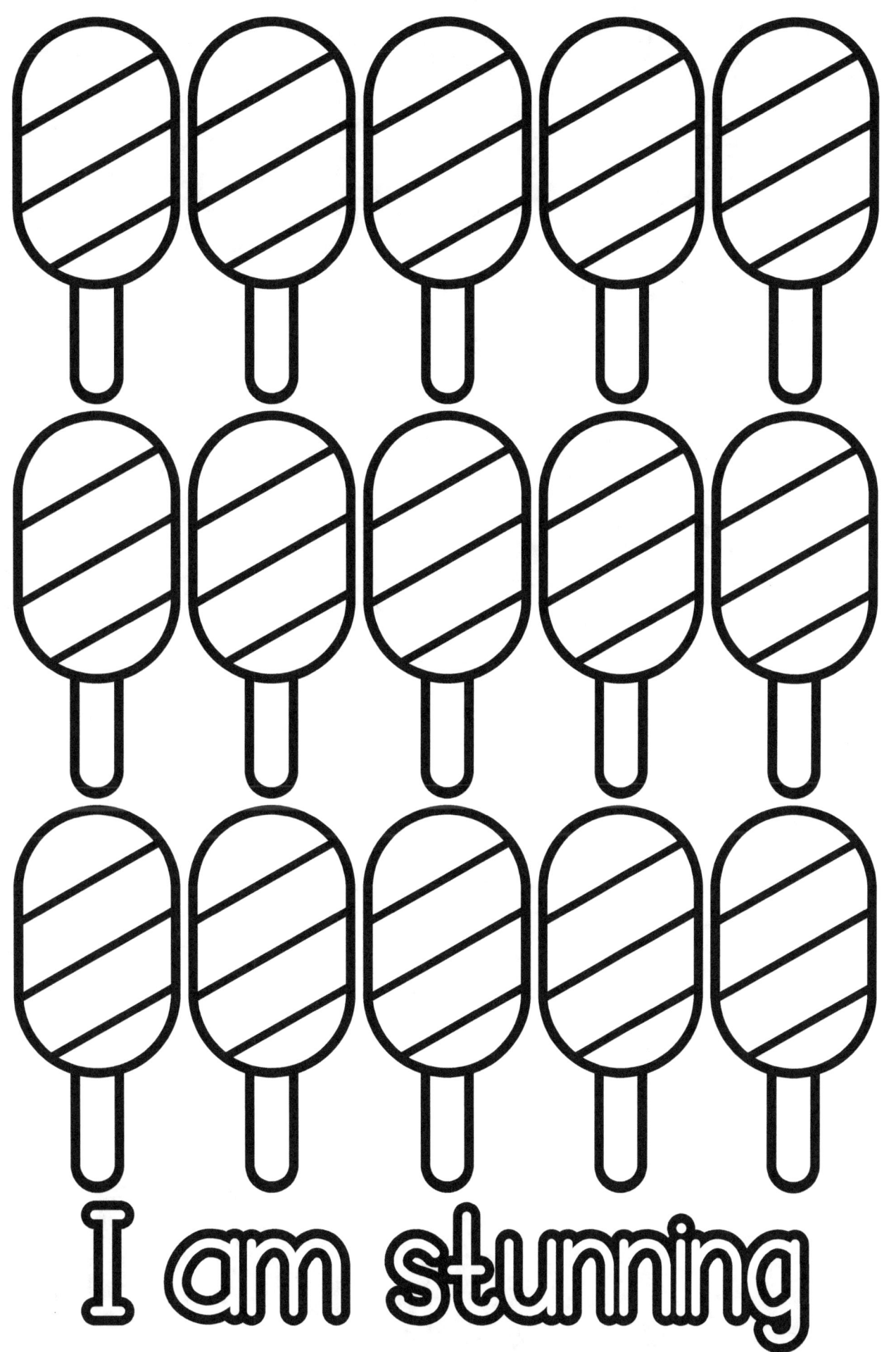

I am stunning

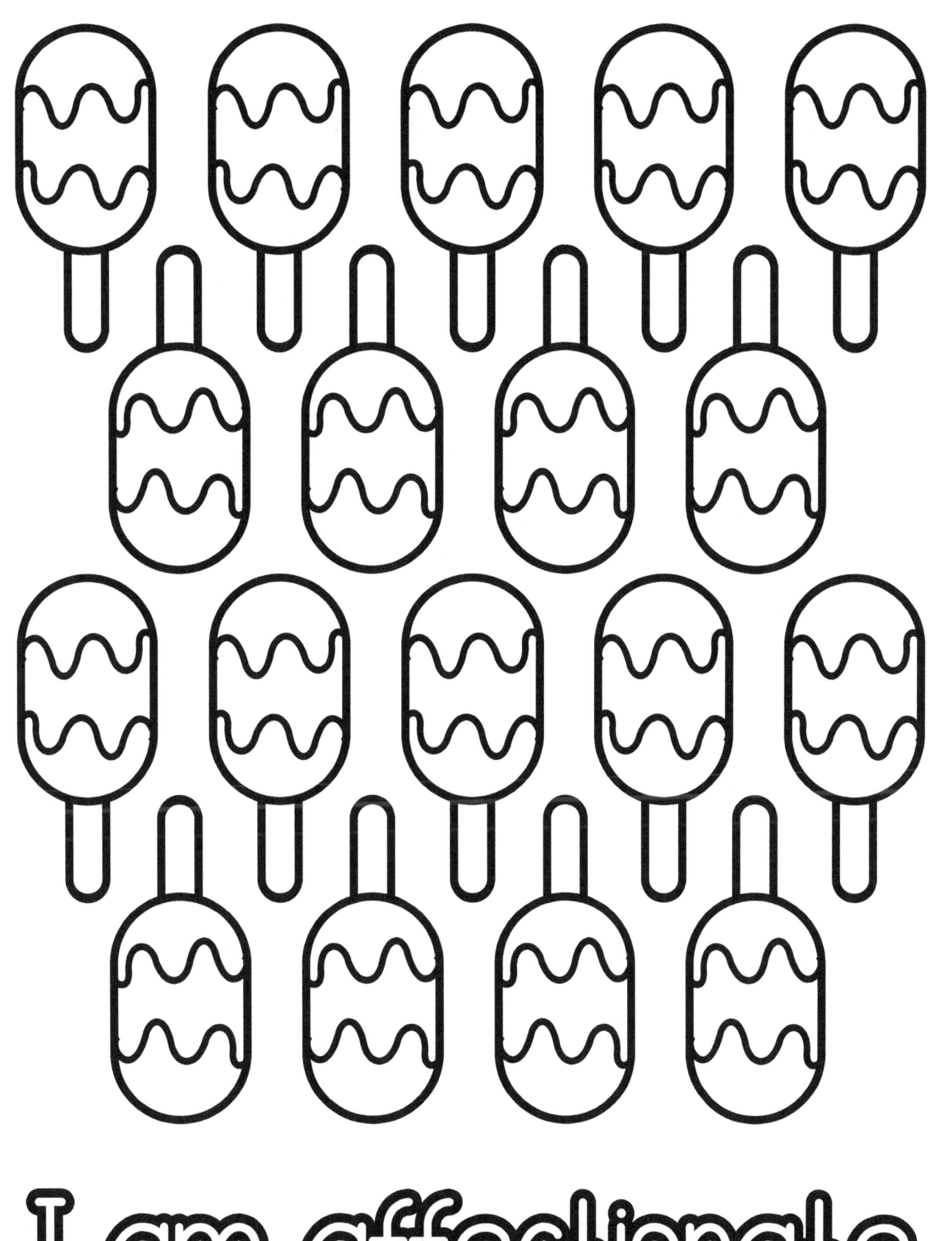

I am affectionate

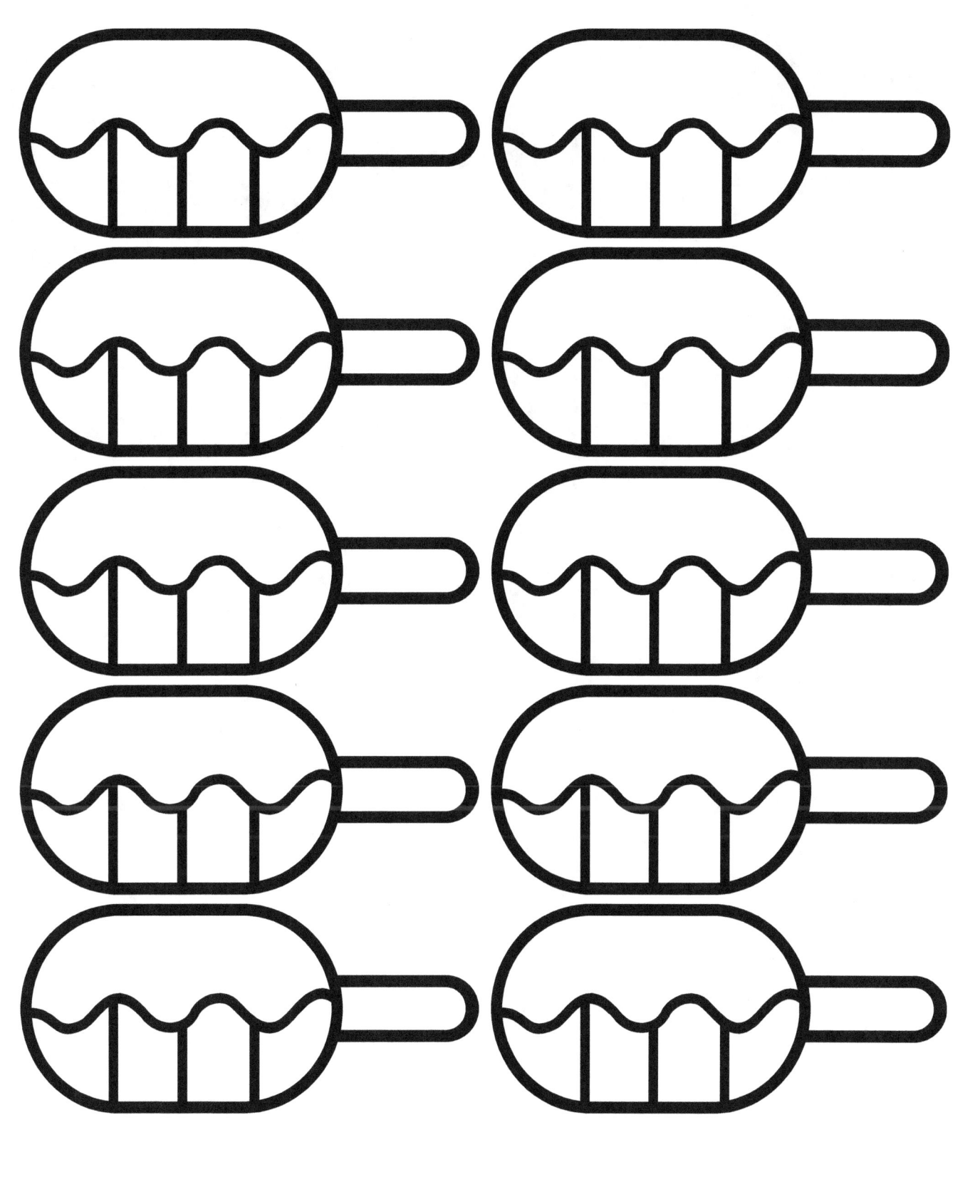

I am genuine

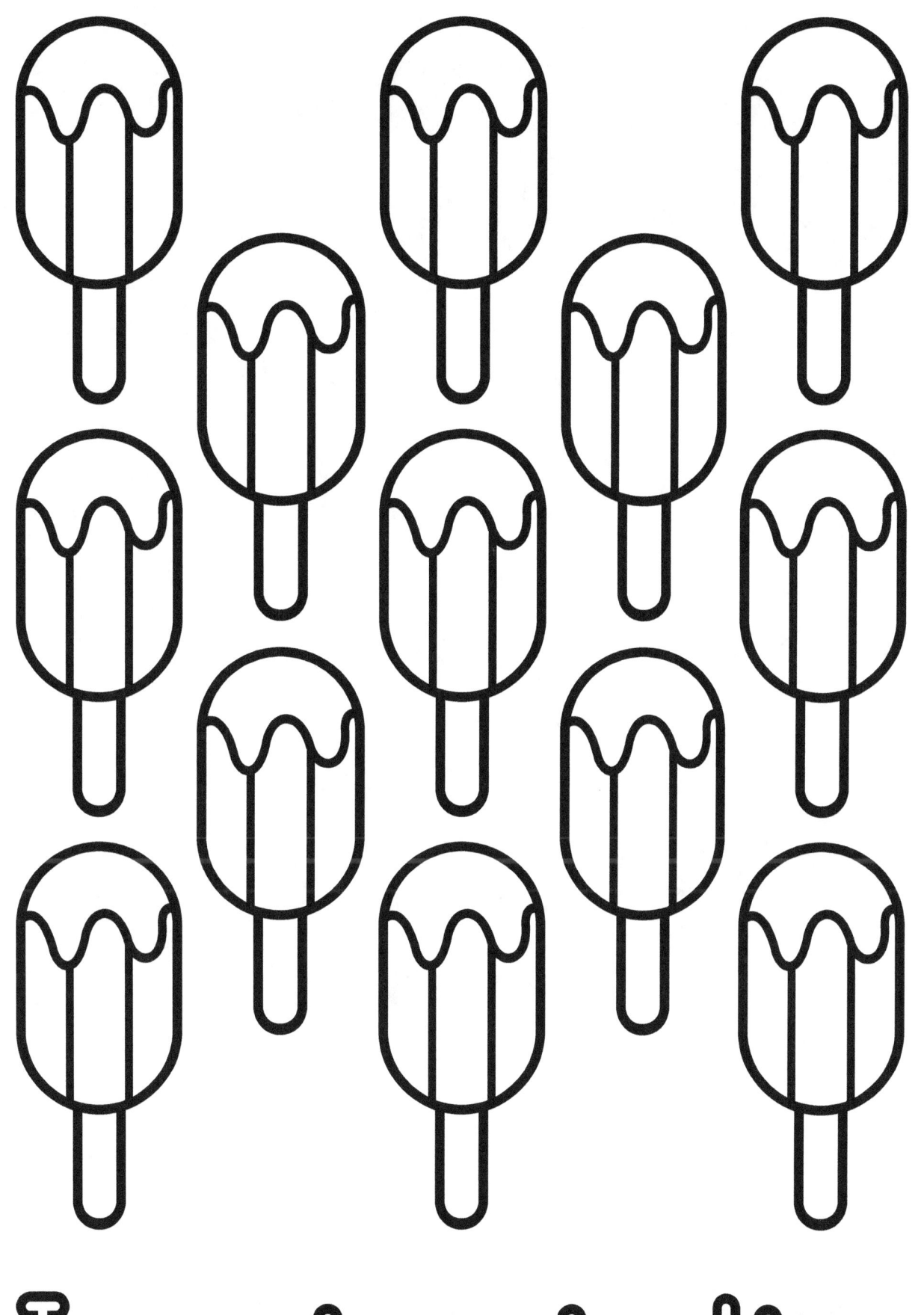

I am imaginative

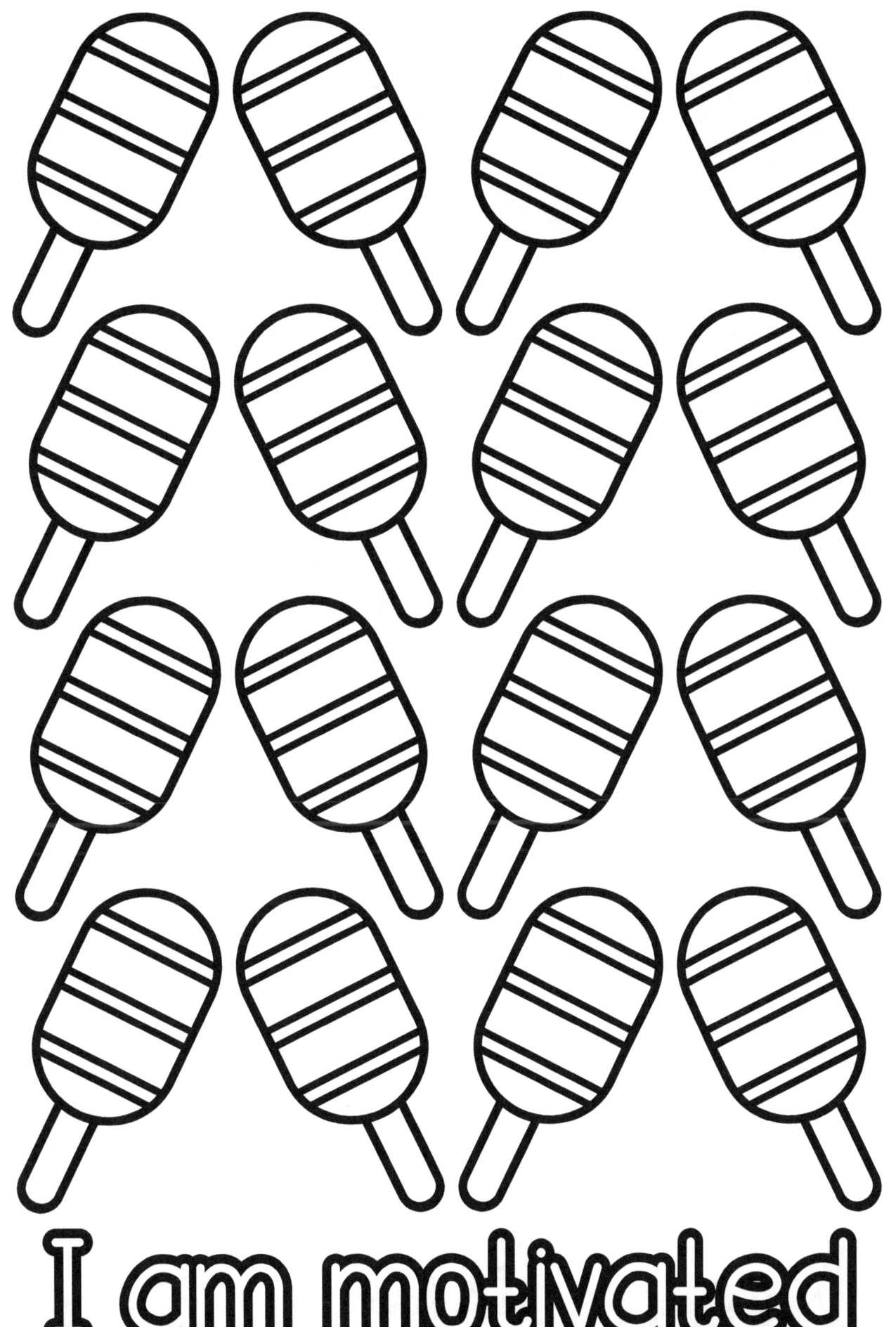

I am motivated

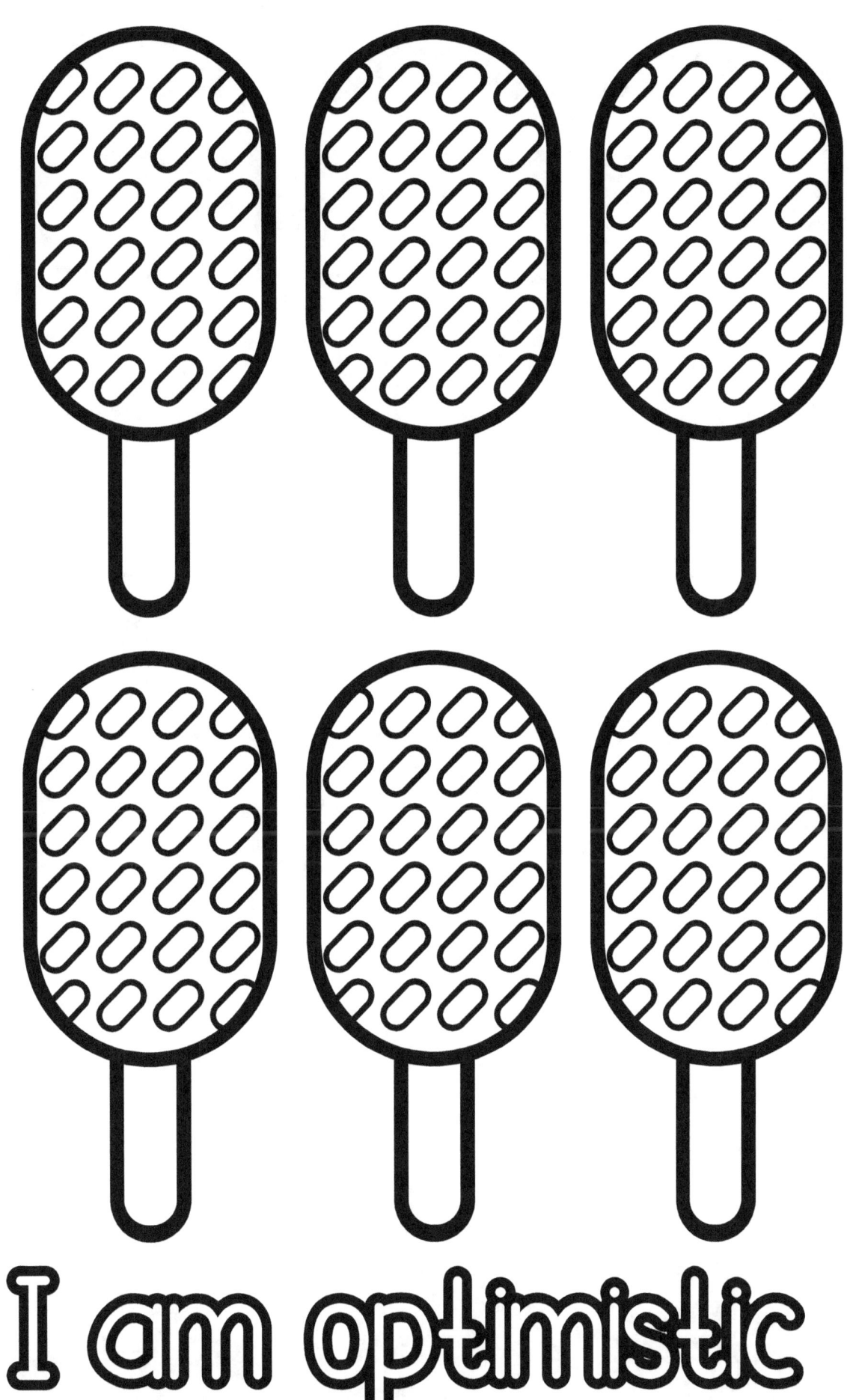

I am optimistic

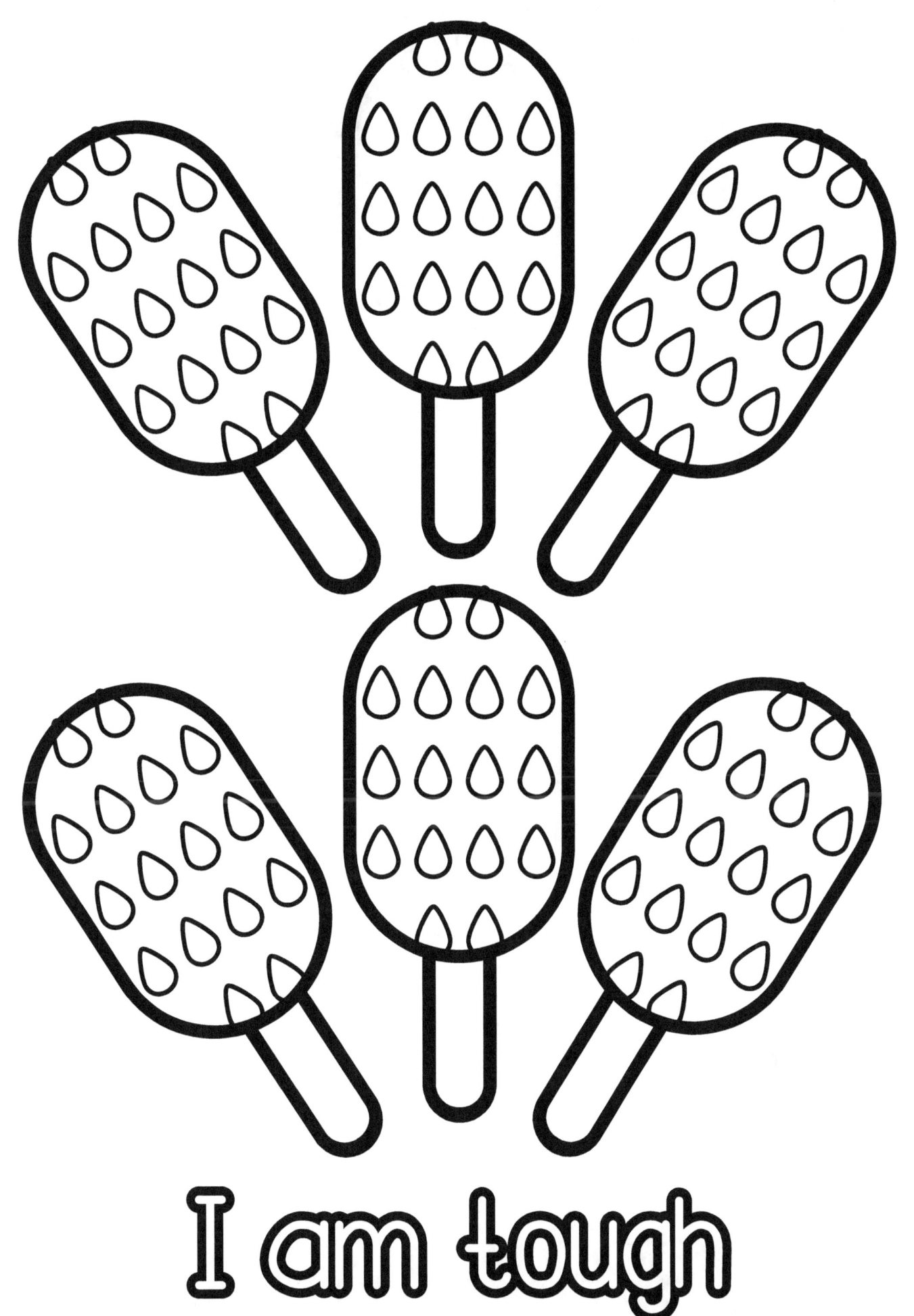

I am tough

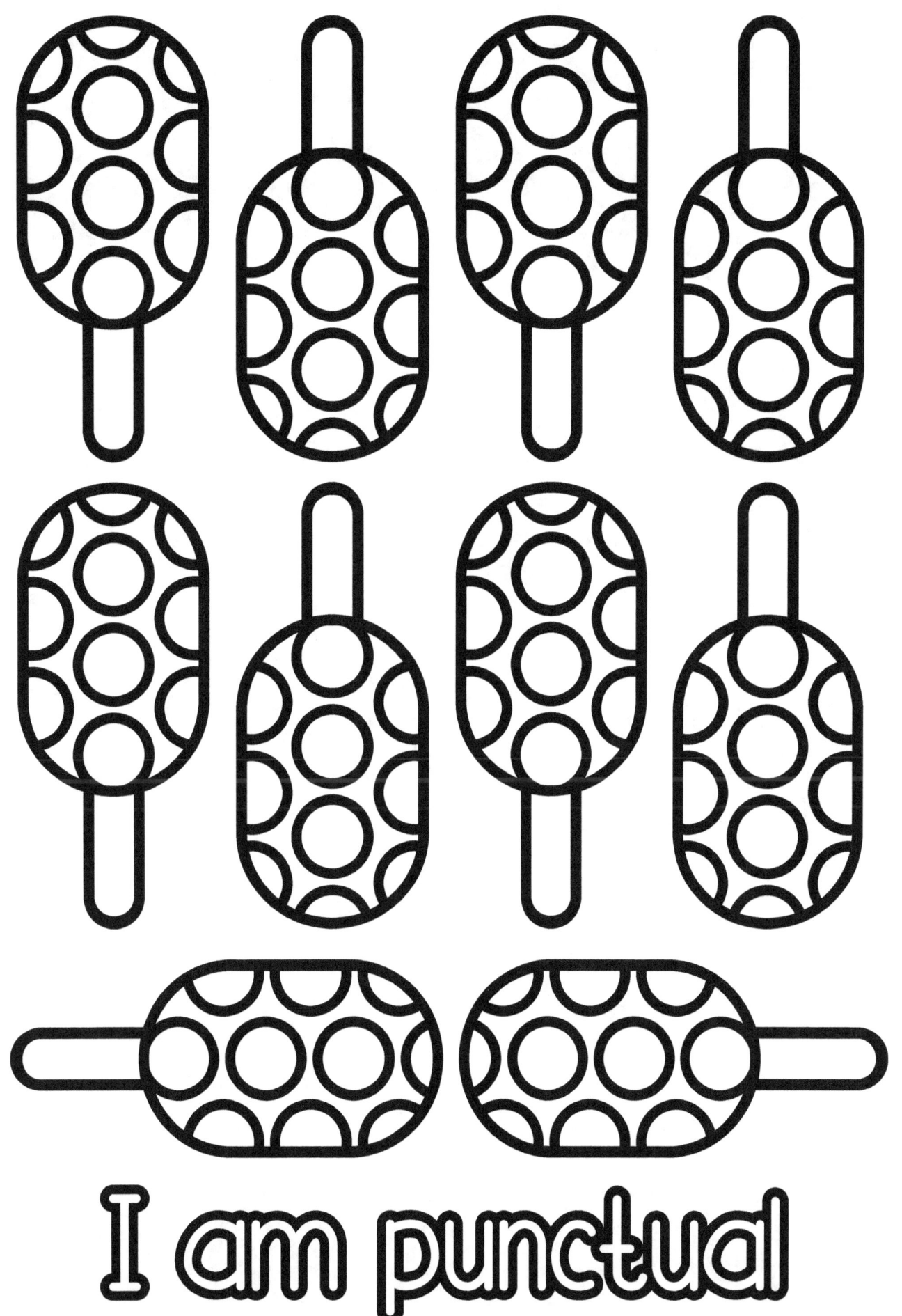

I am punctual

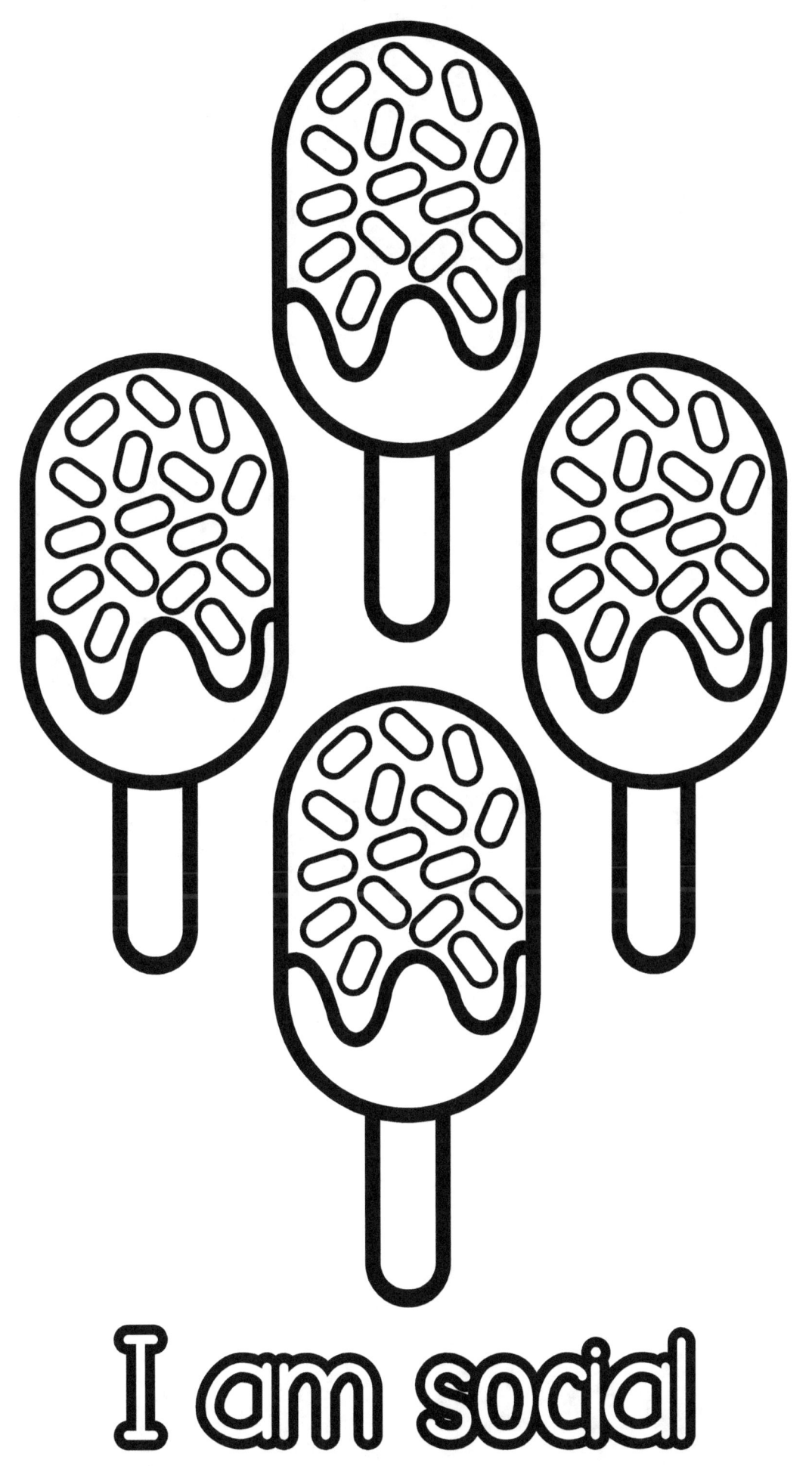

I am social

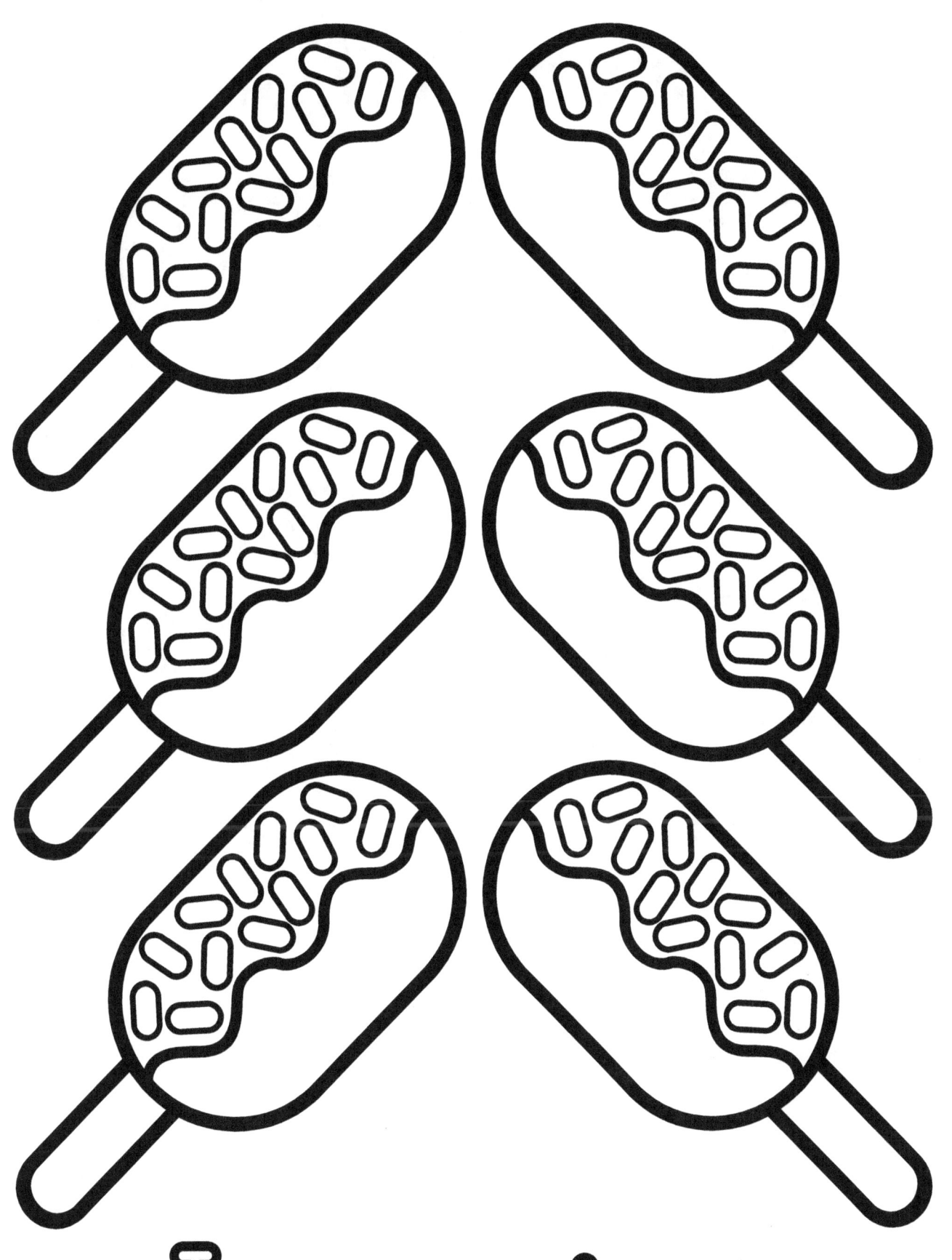

I am unique

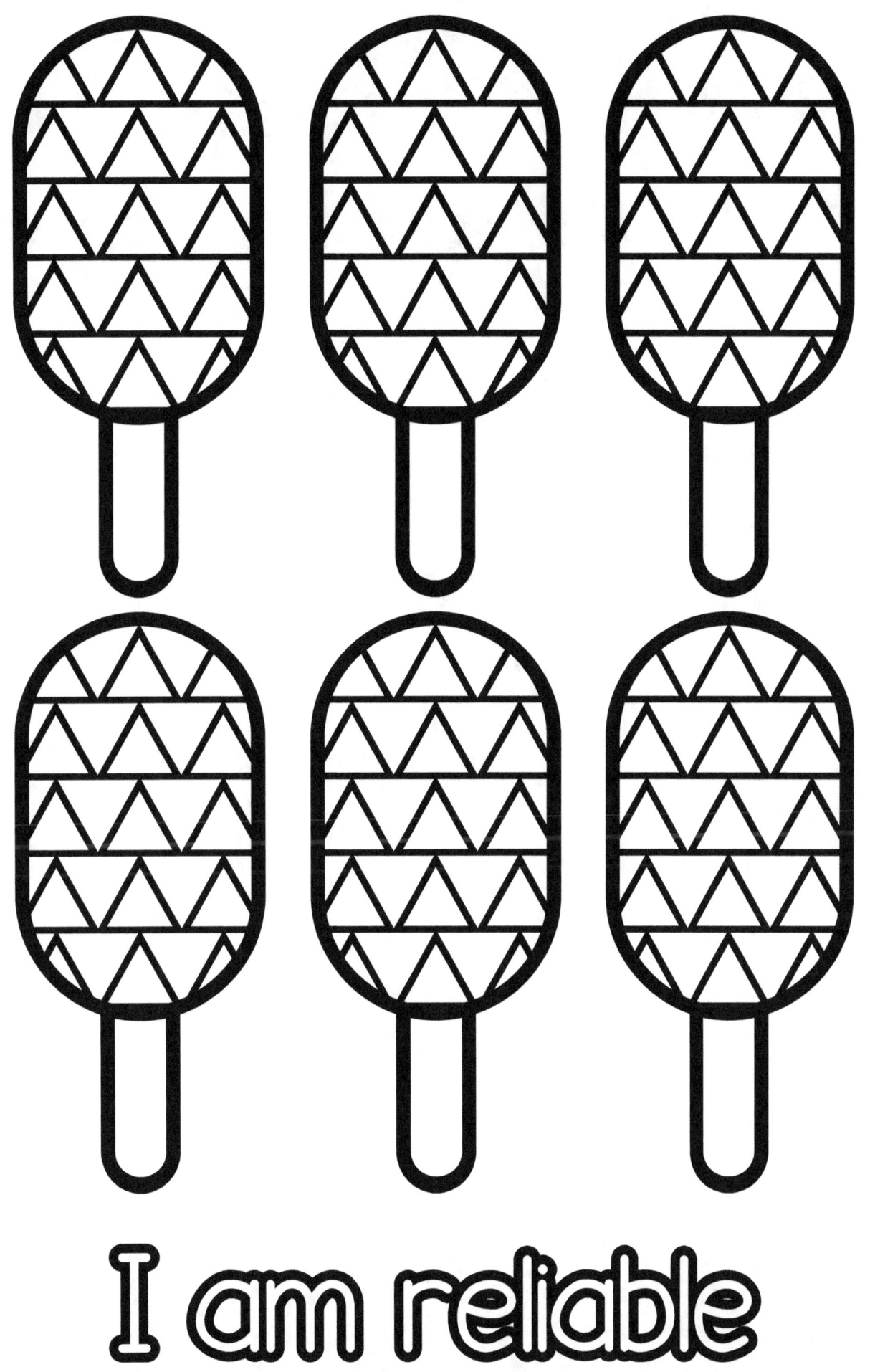

I am reliable

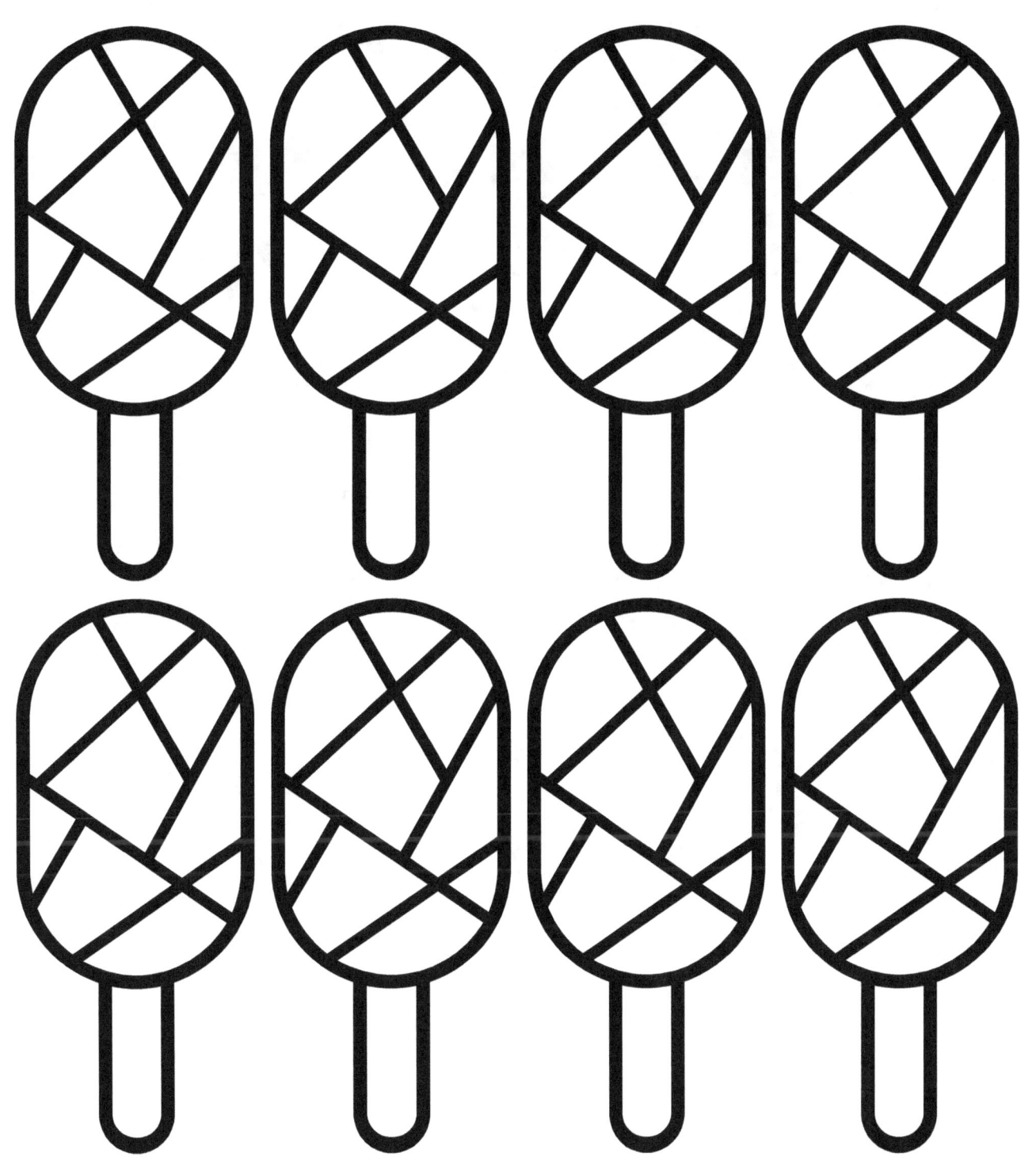

I am sincere

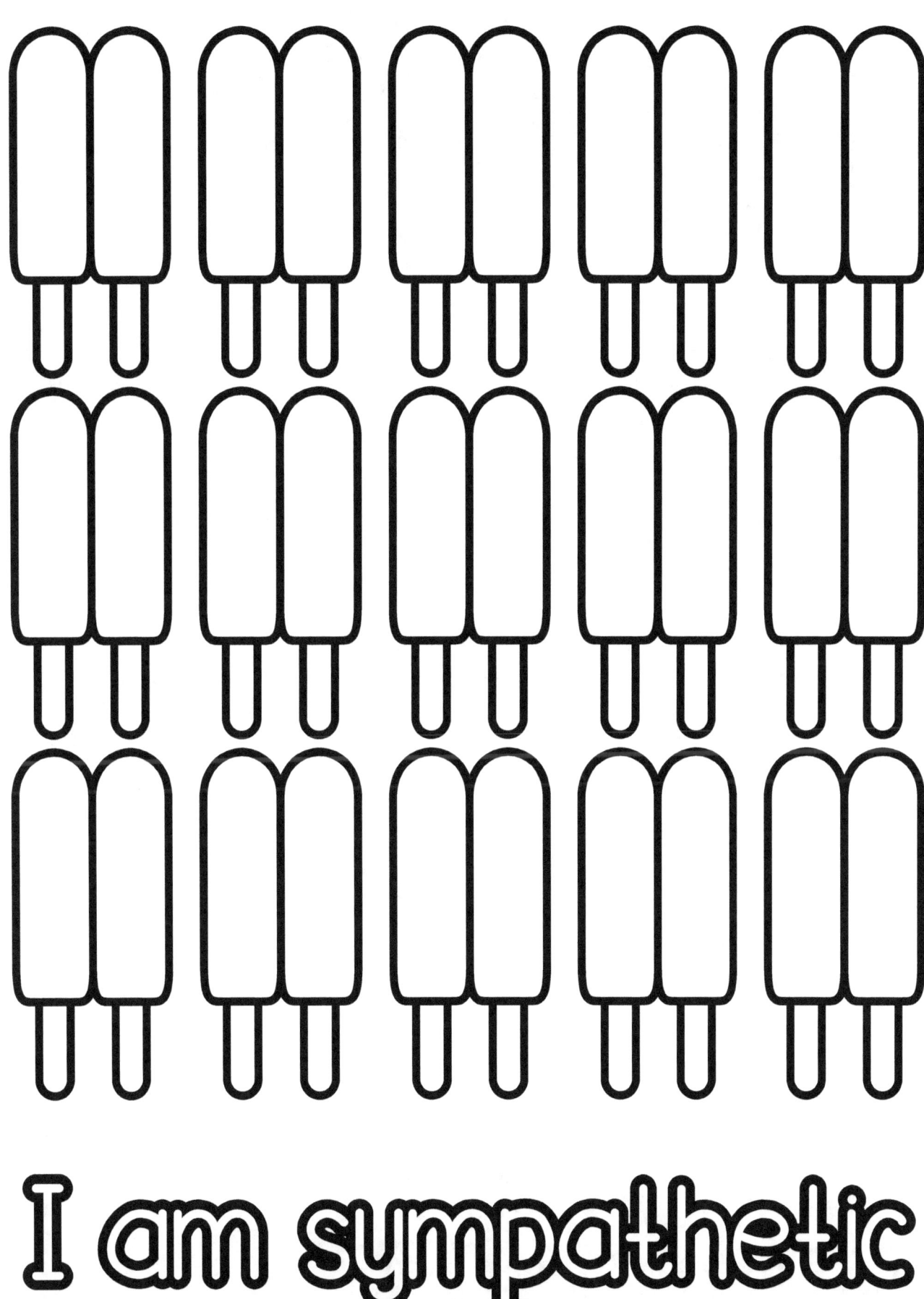

I am sympathetic

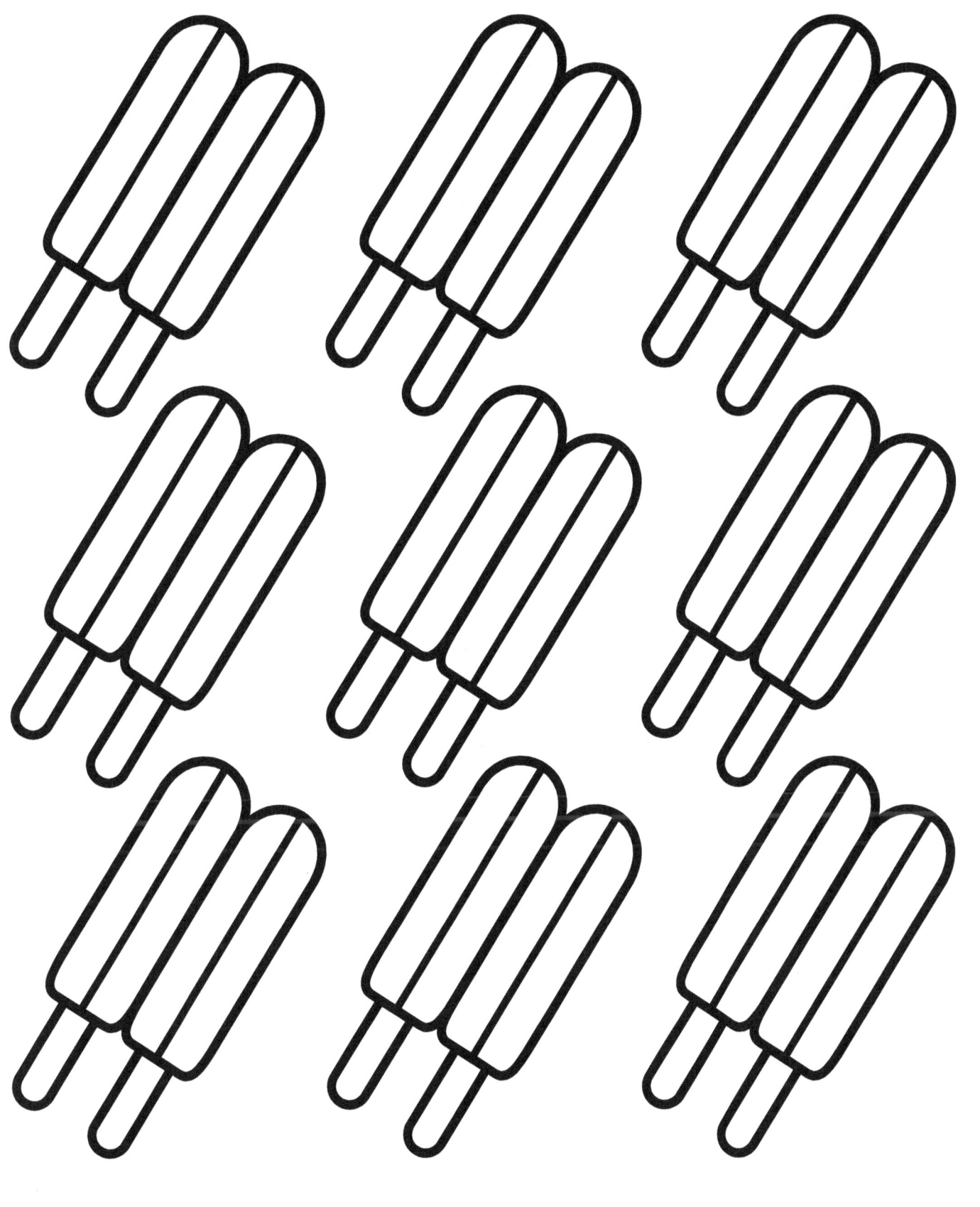

I am welcoming

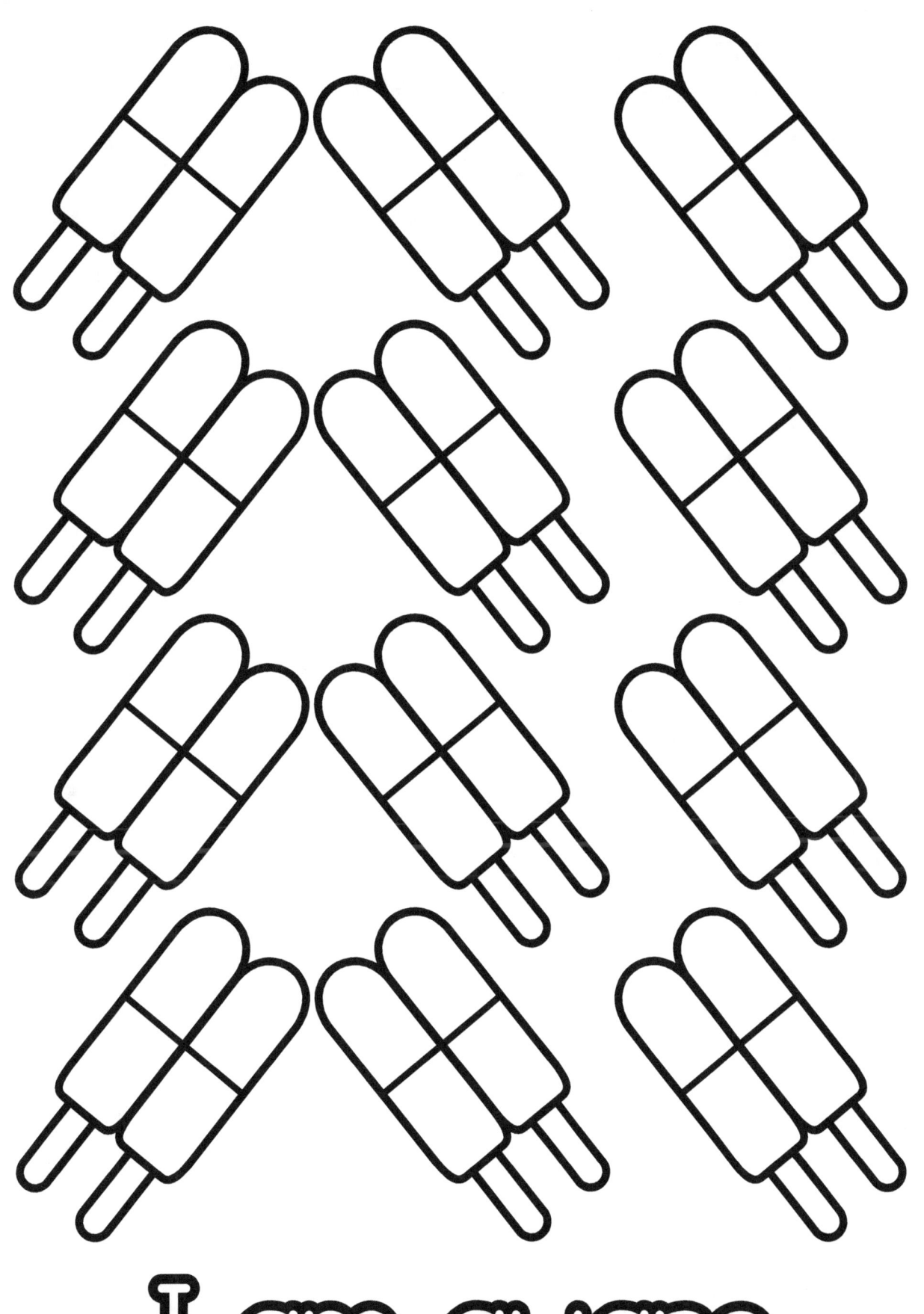

I am aware

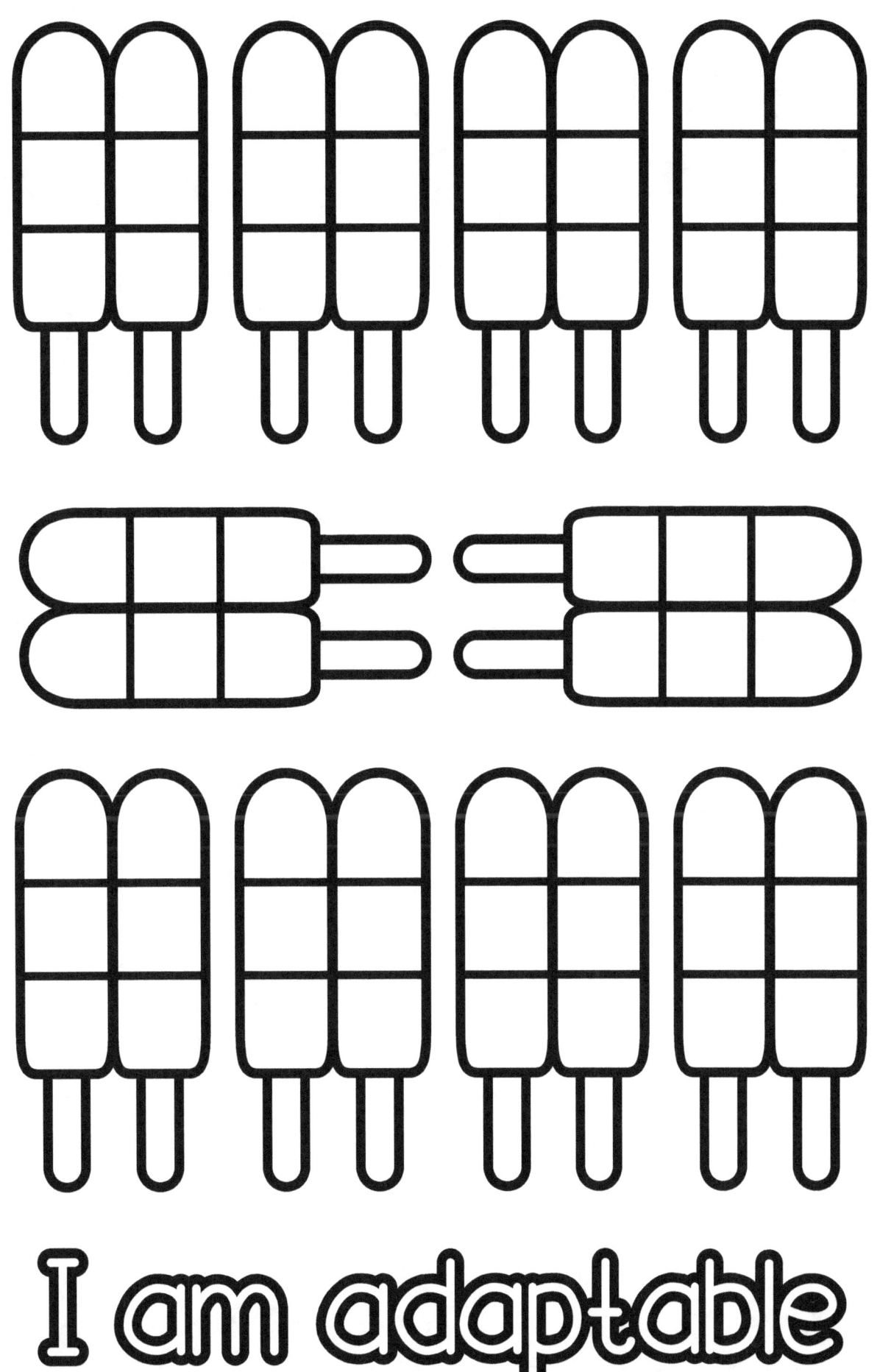

I am adaptable

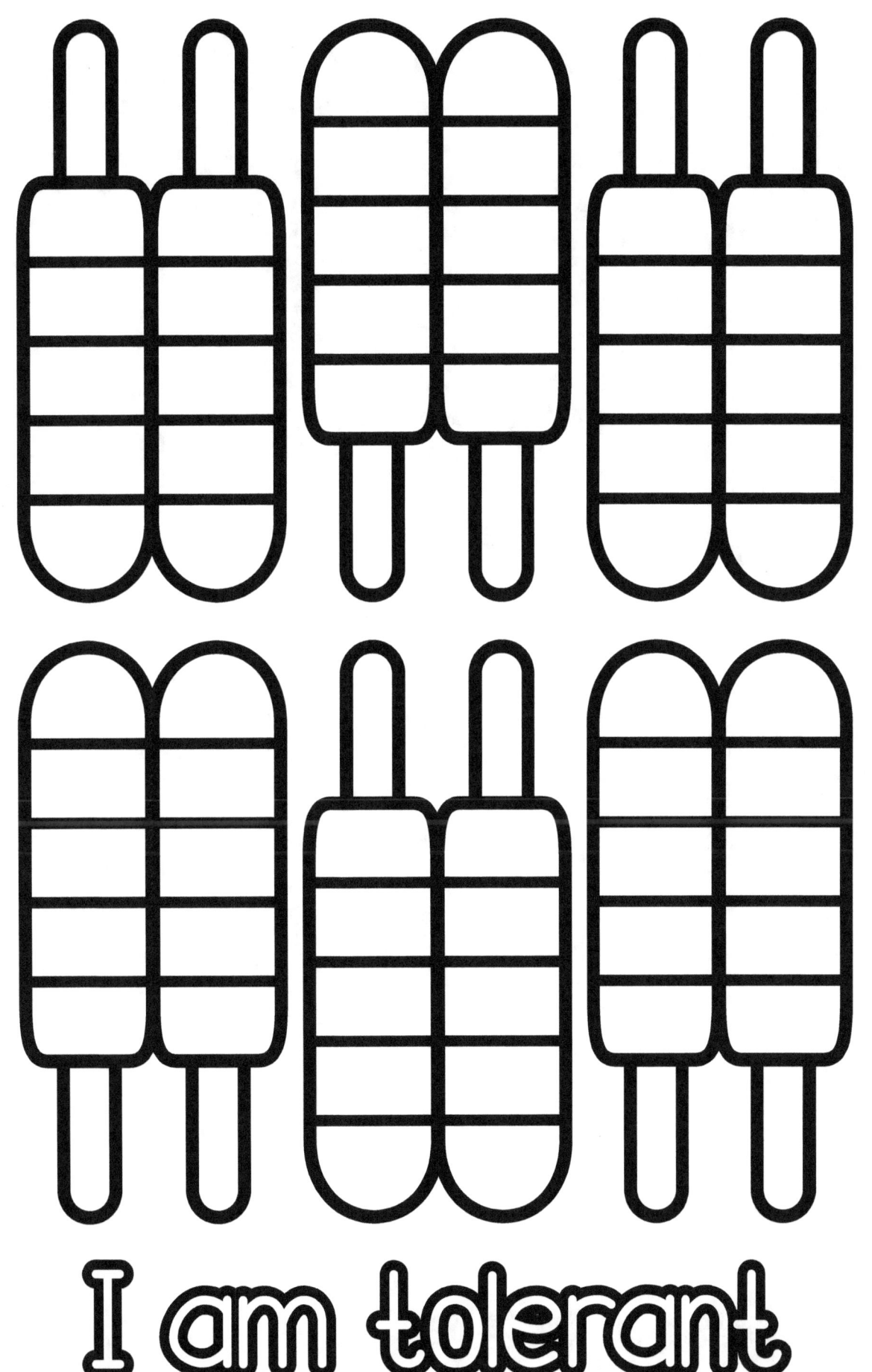

I am tolerant

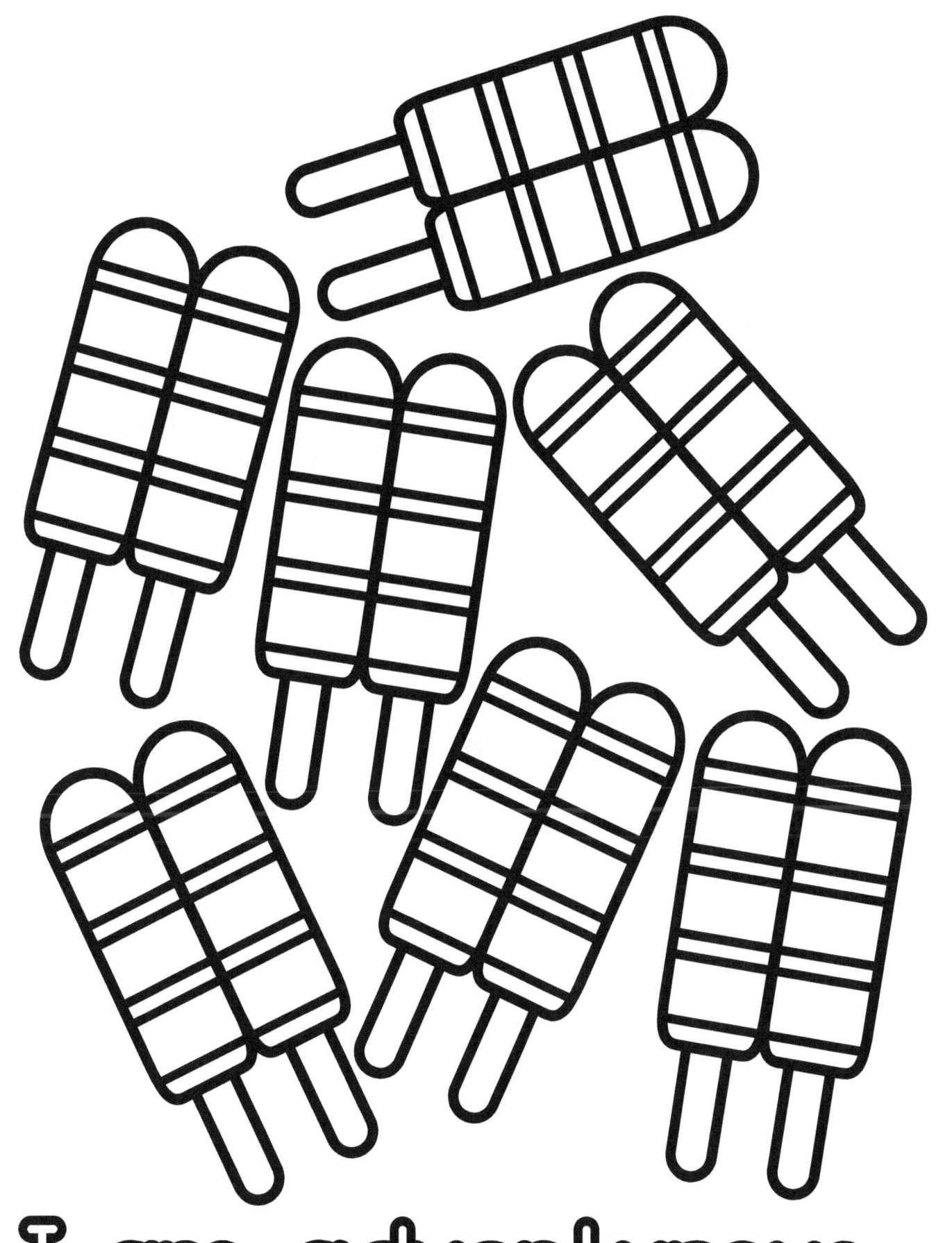

I am adventurous

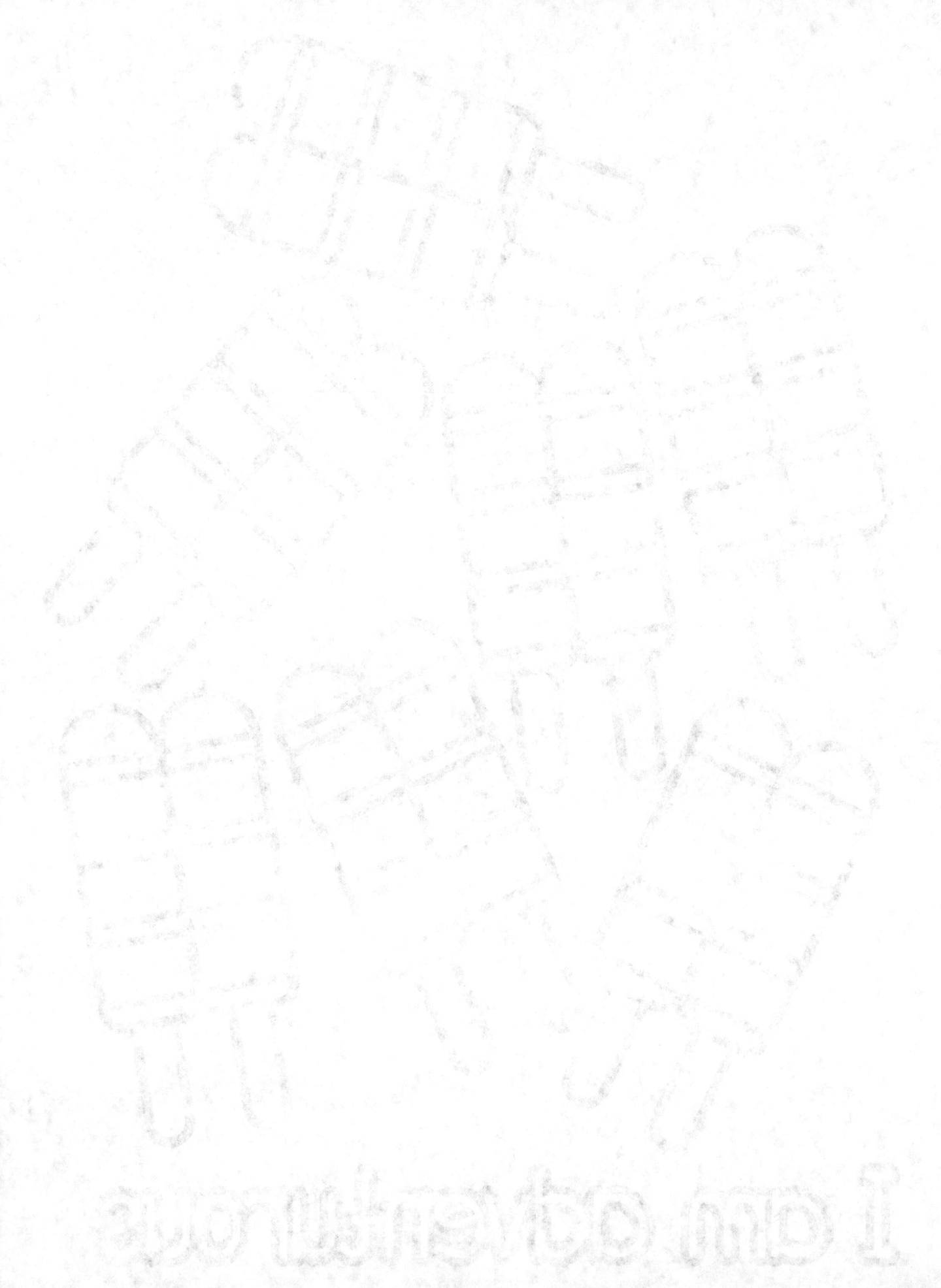

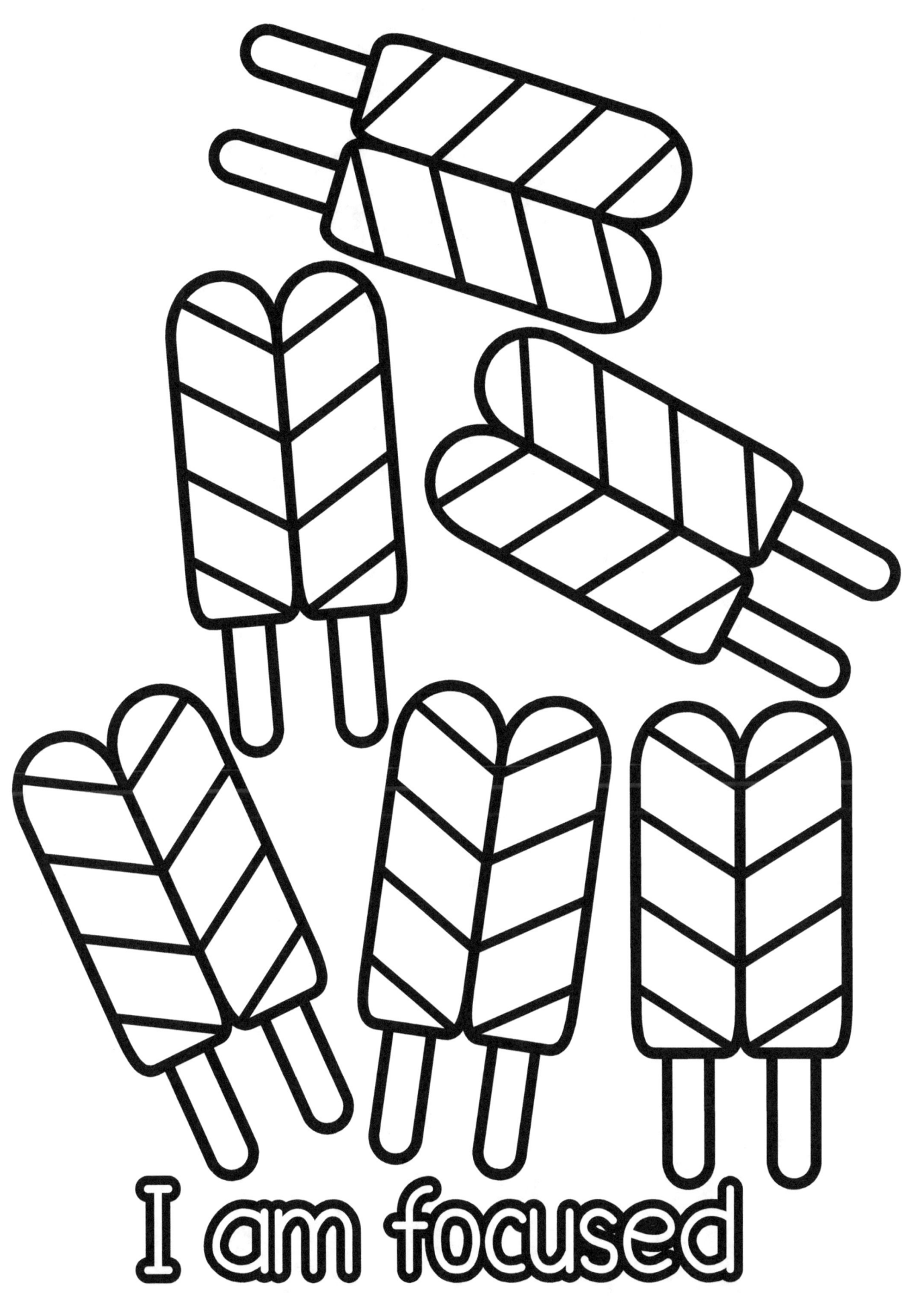

I am focused

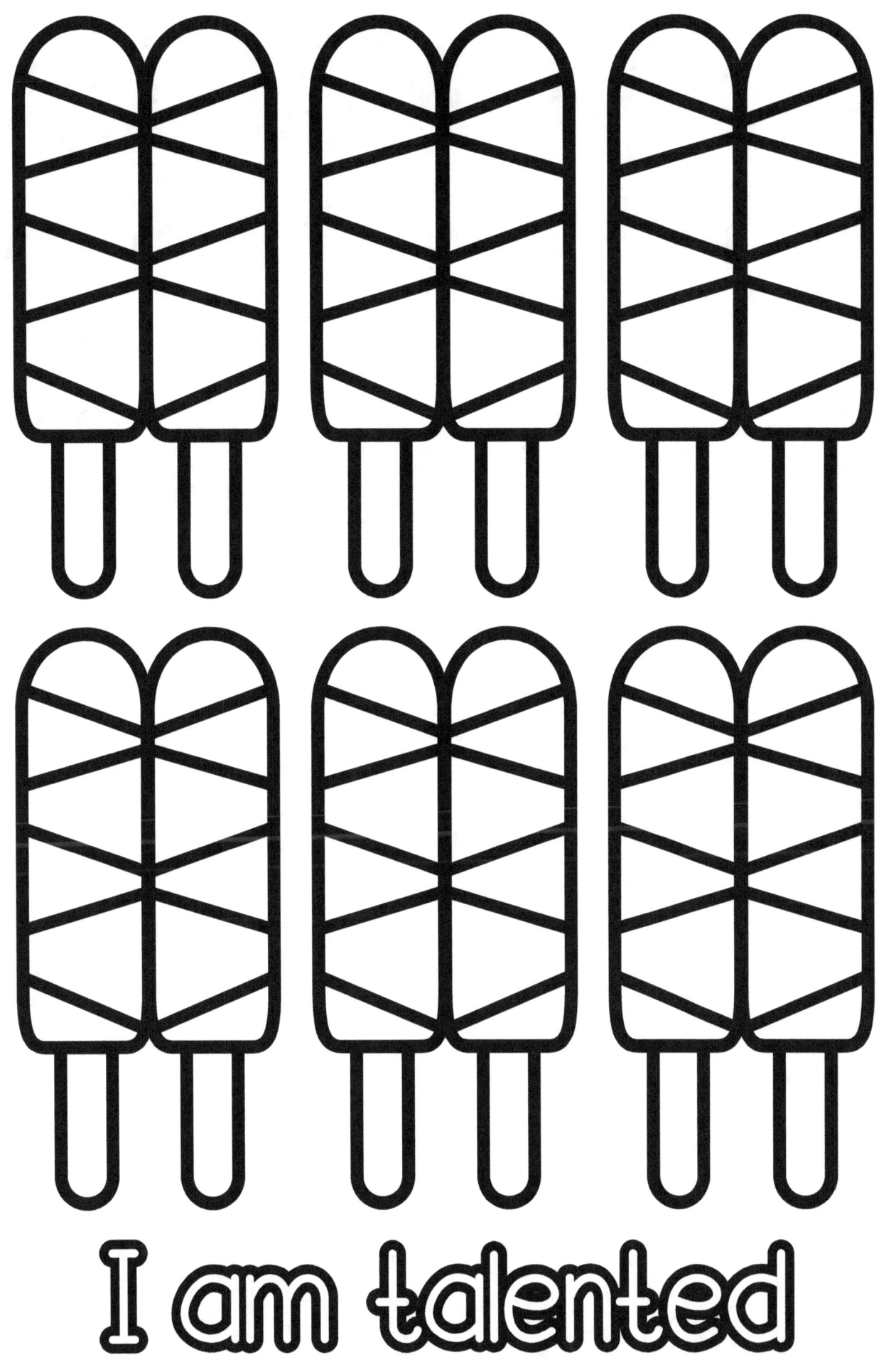

I am talented

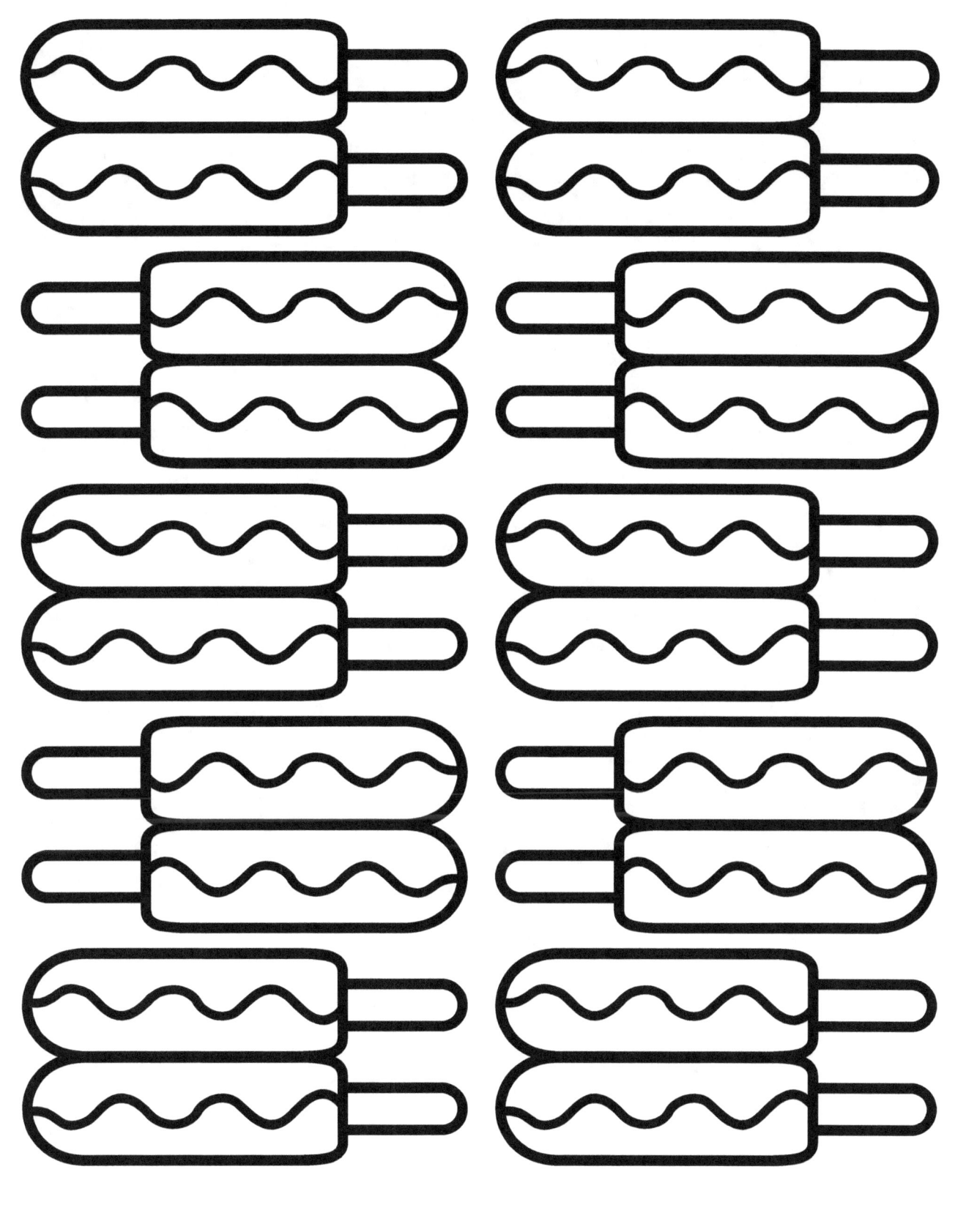

I am thankful

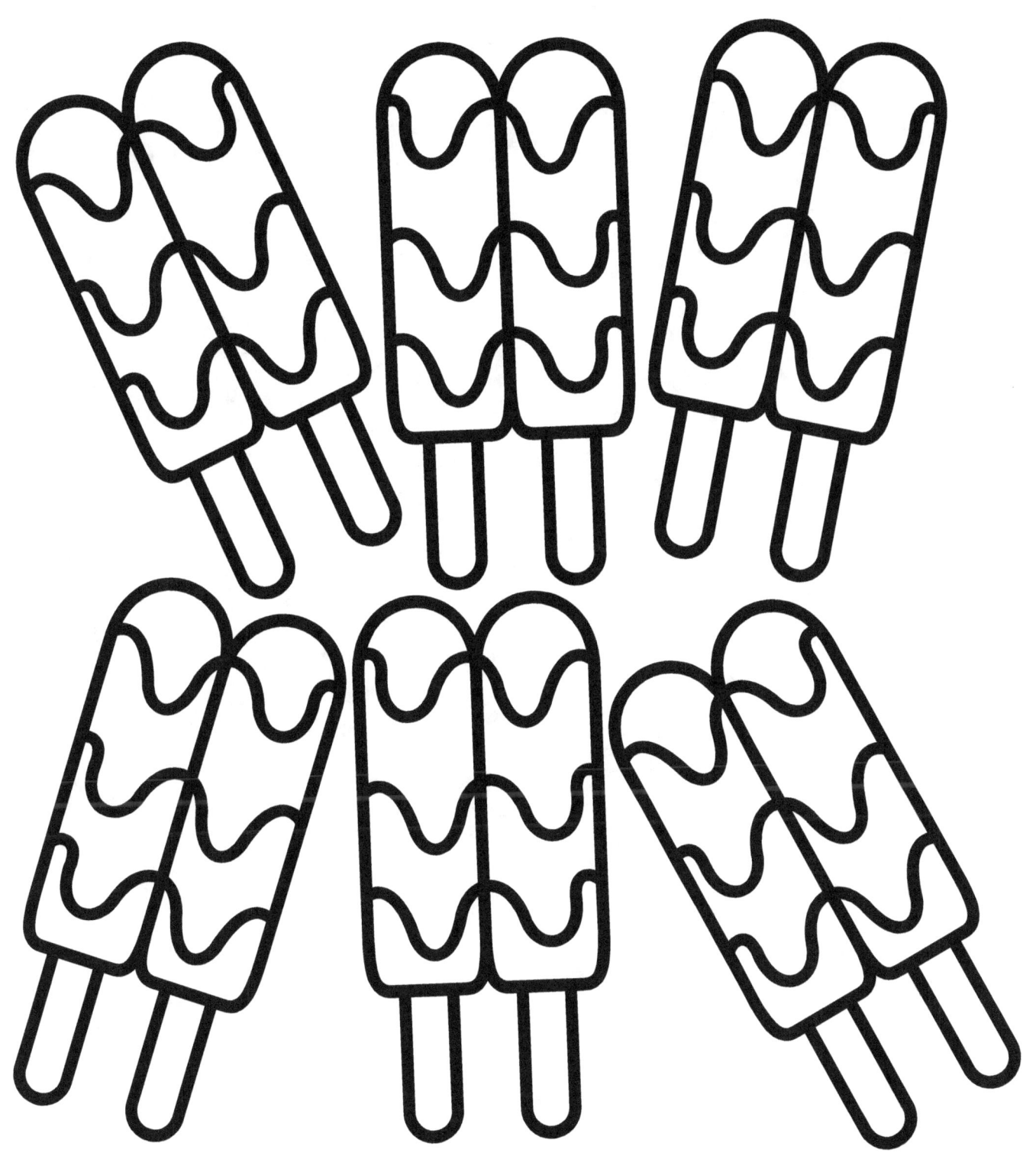

I am hardworking

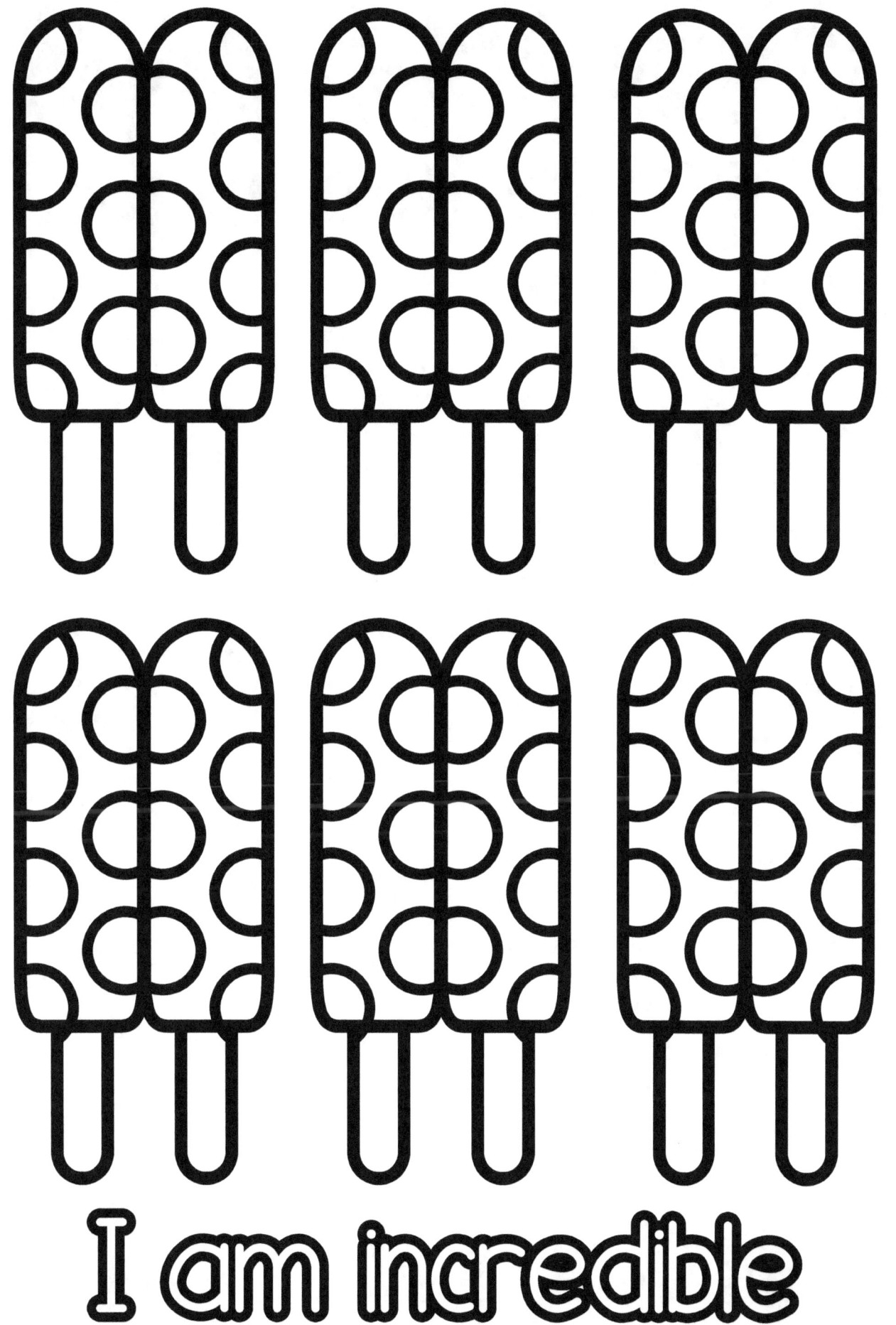

I am incredible

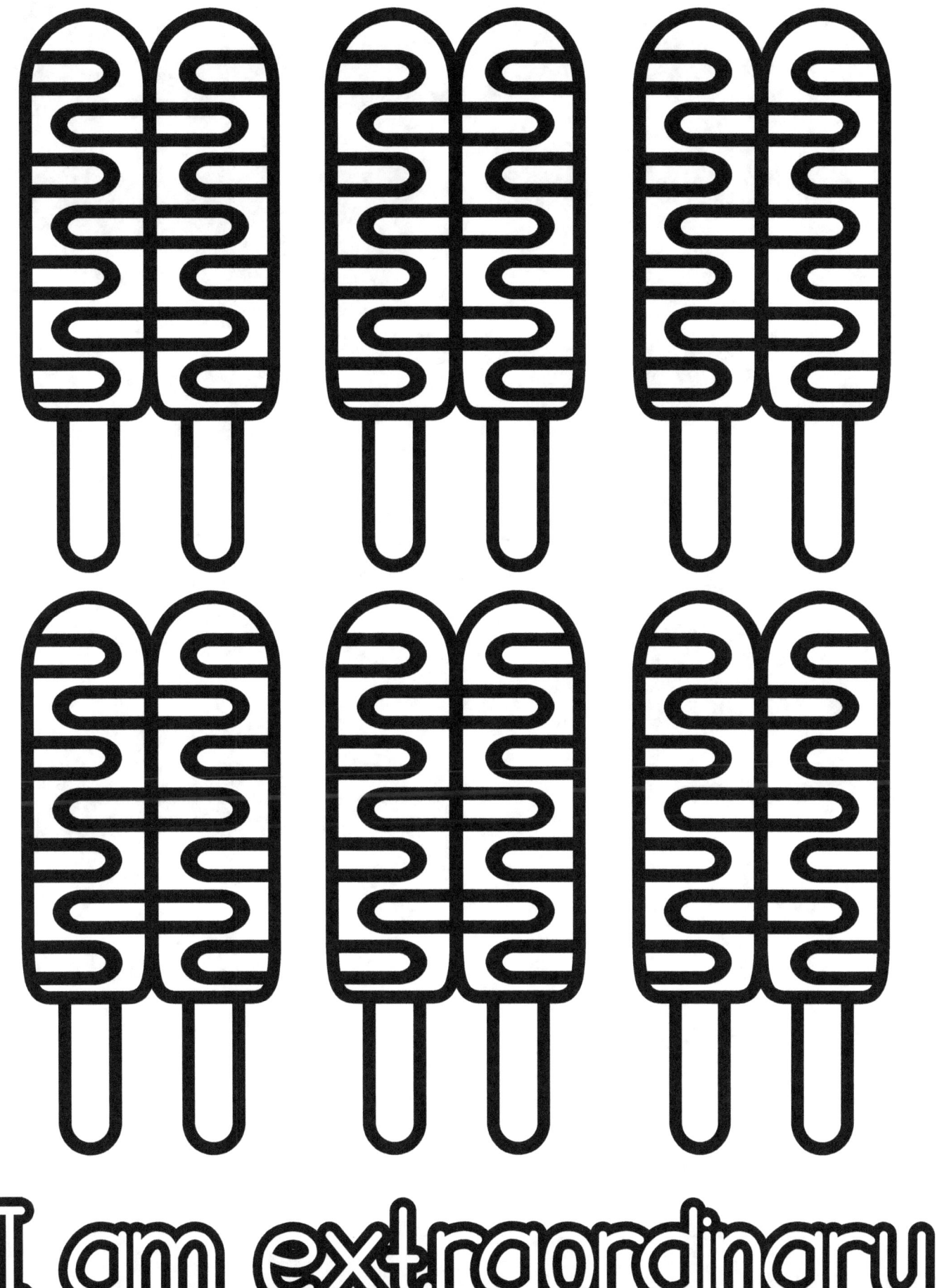

I am extraordinary

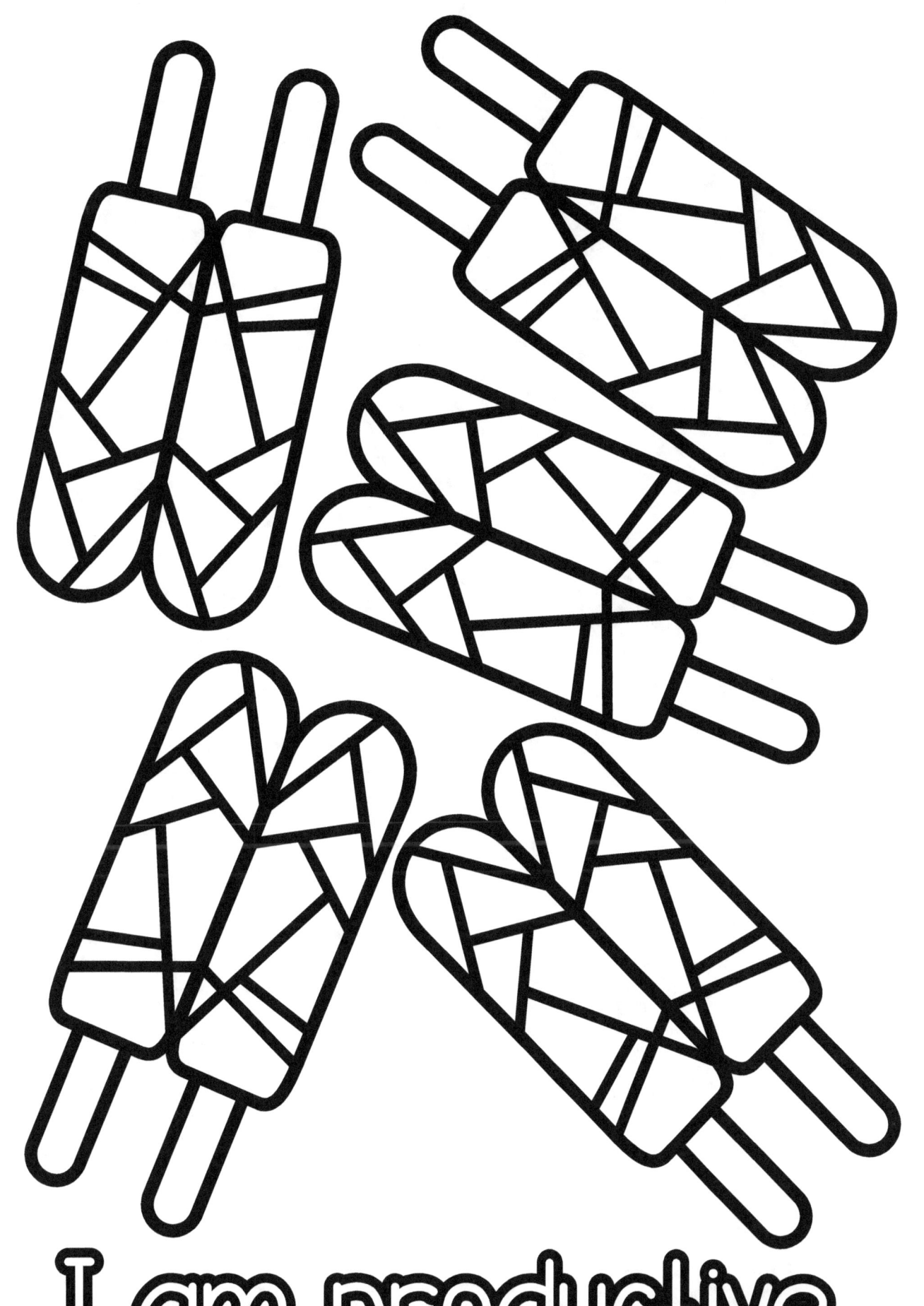

I am productive

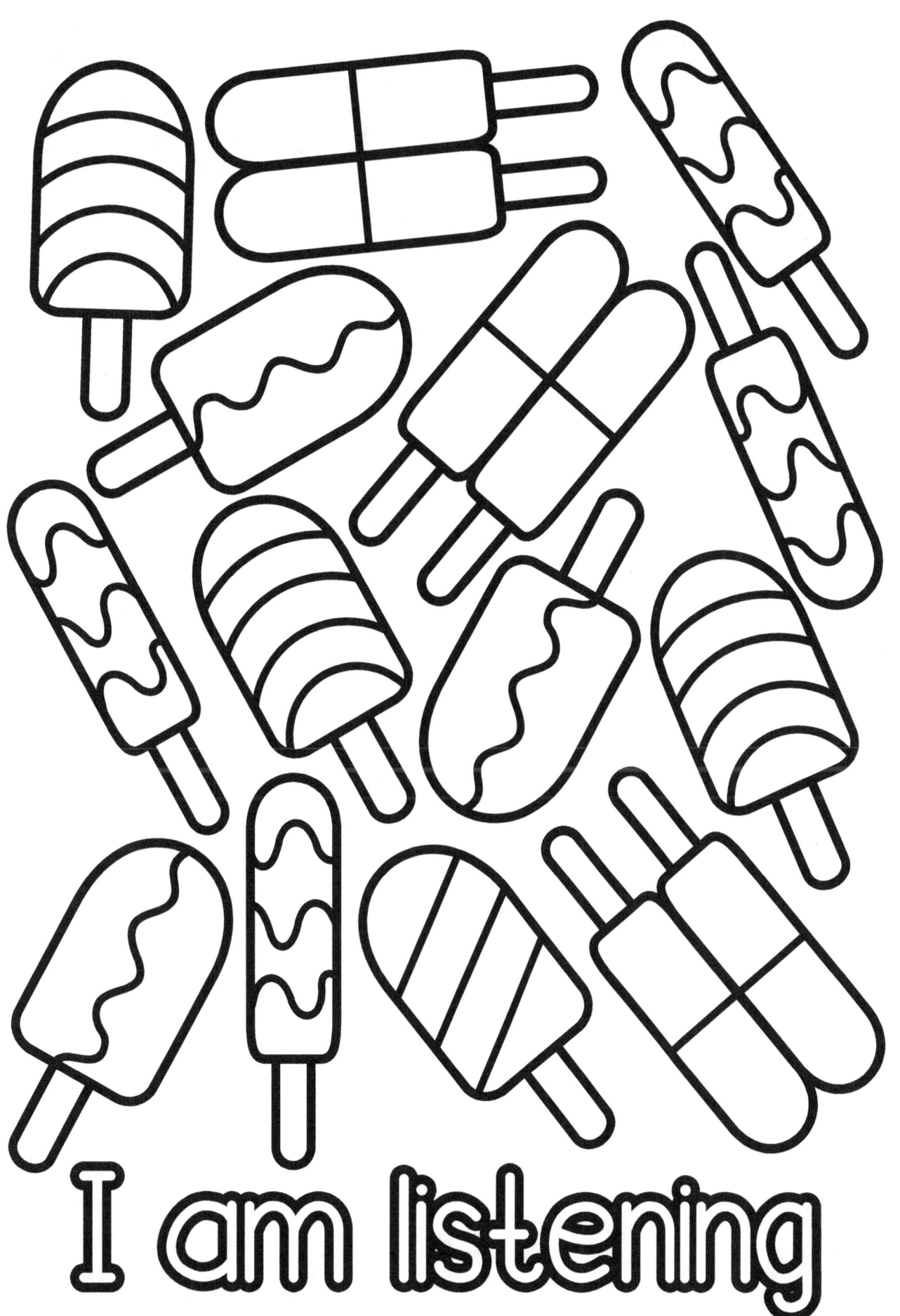

I am listening

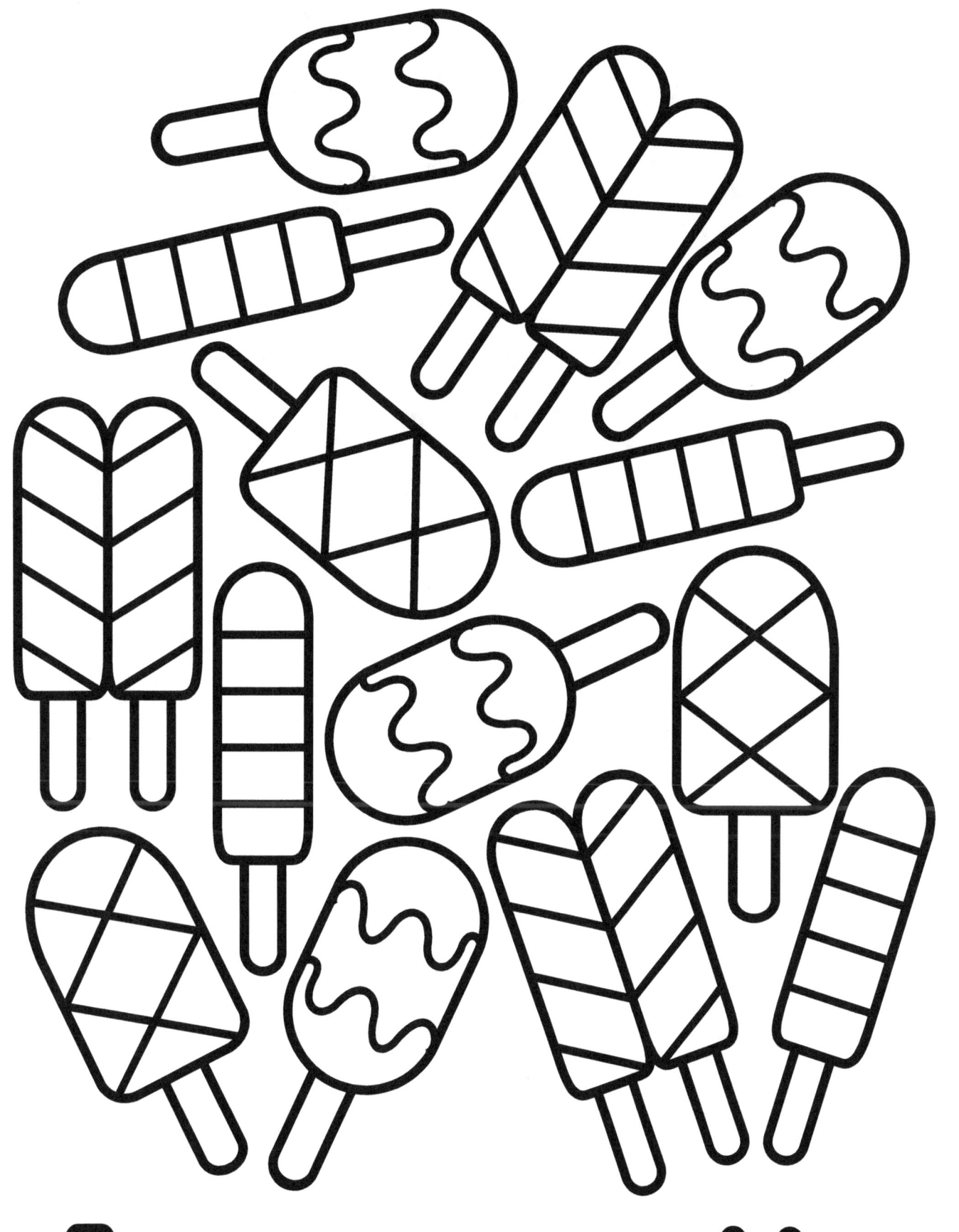

I am responsible

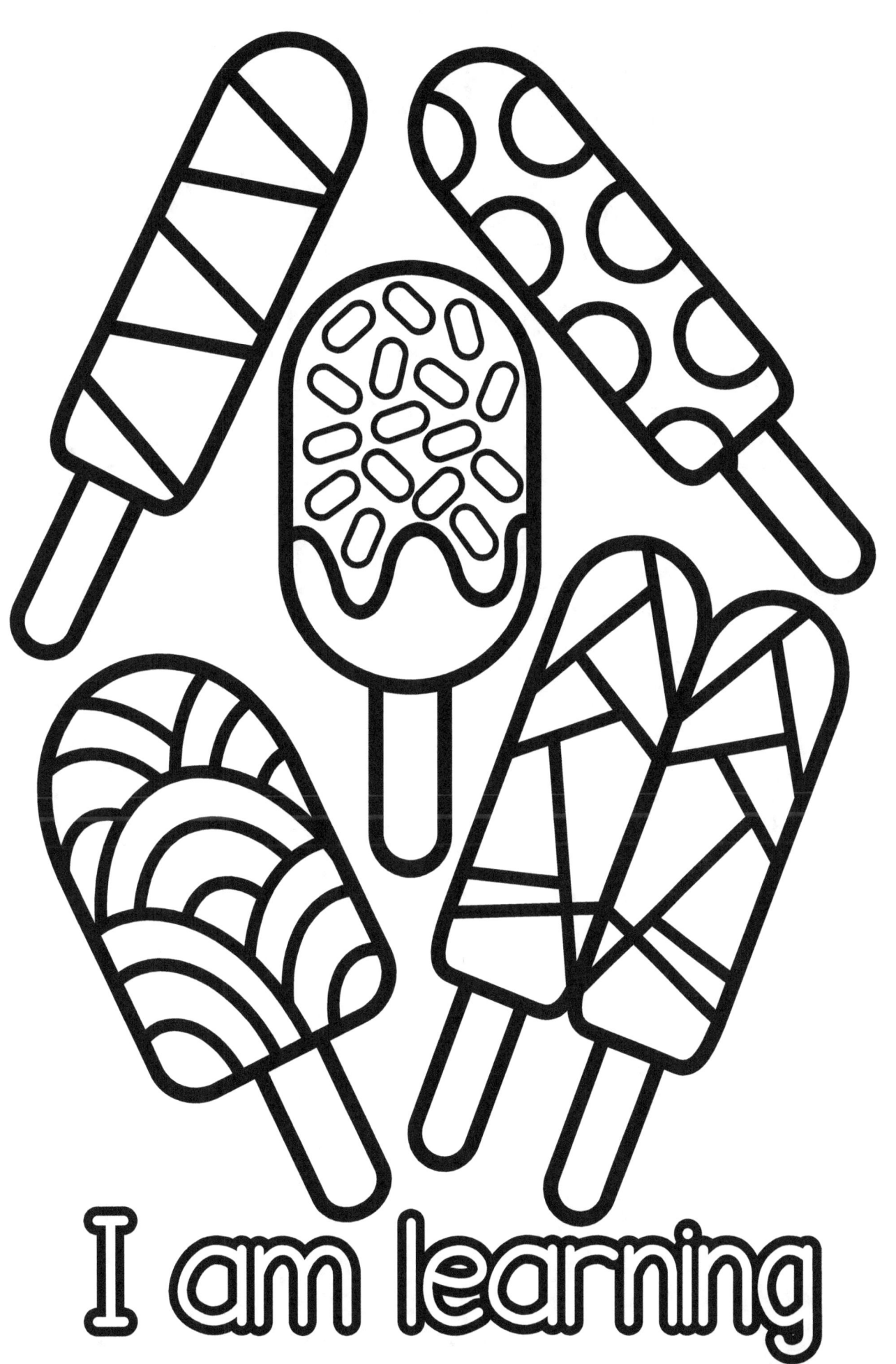

I am learning

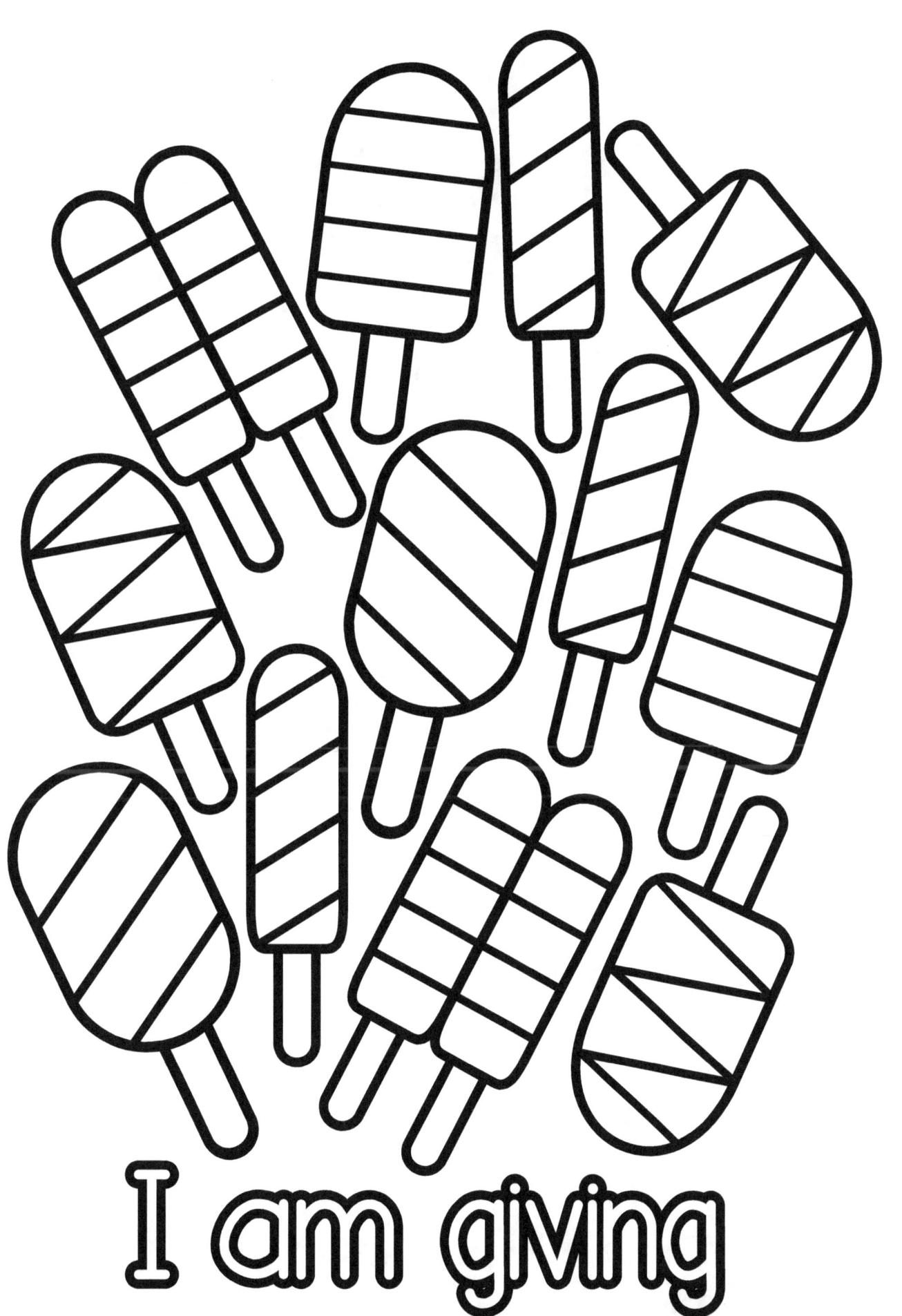

I am giving

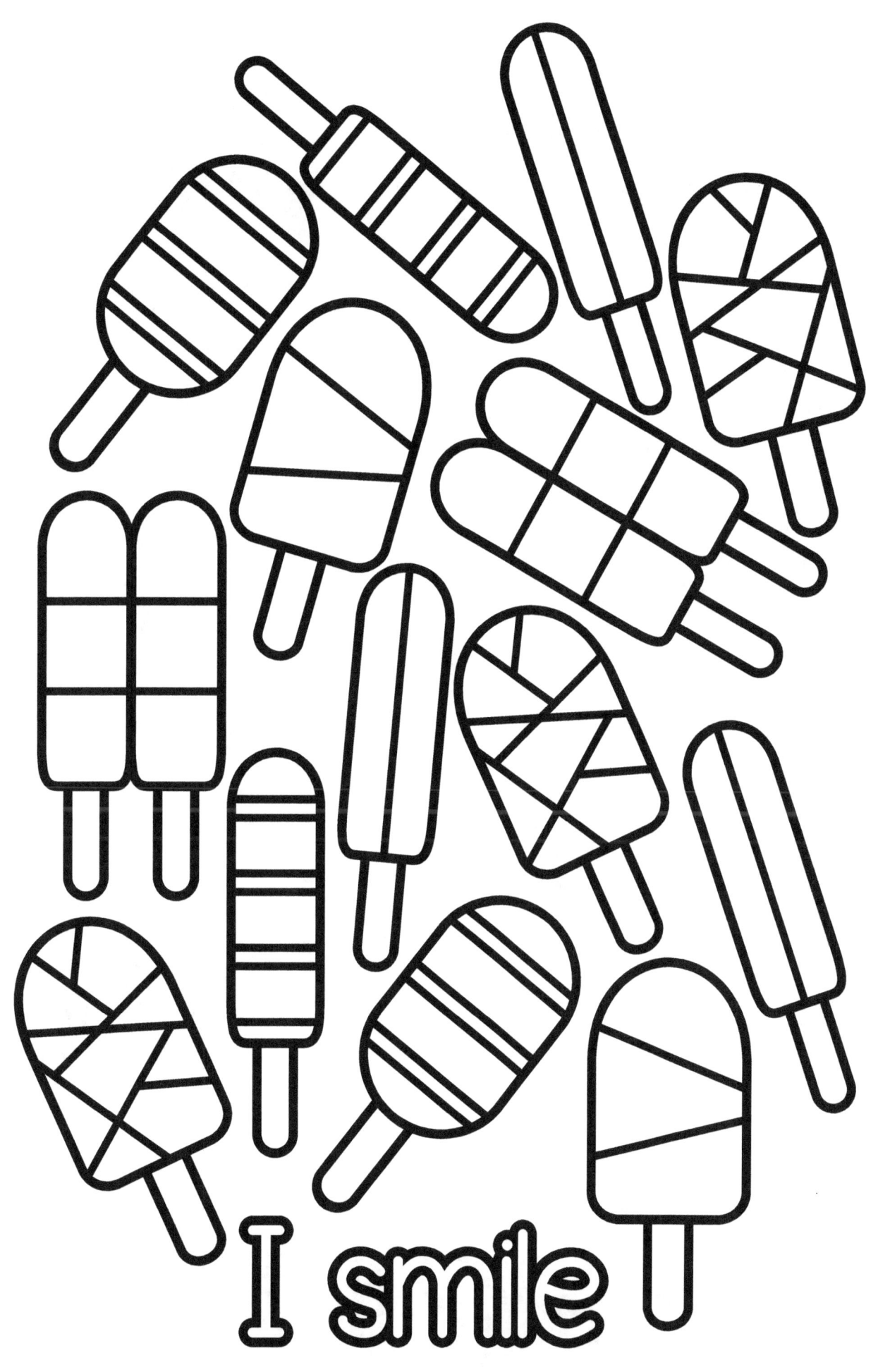

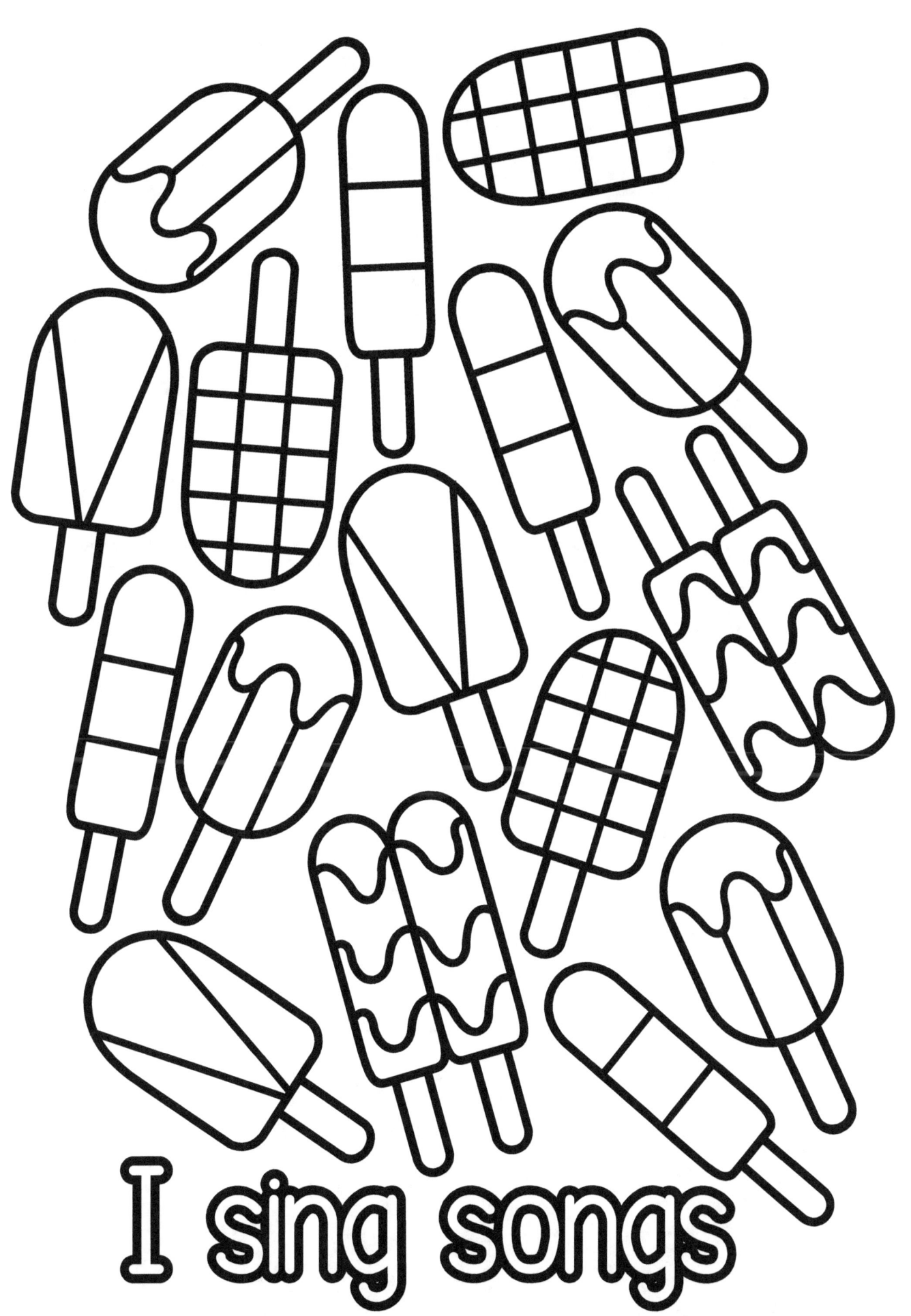

I sing songs

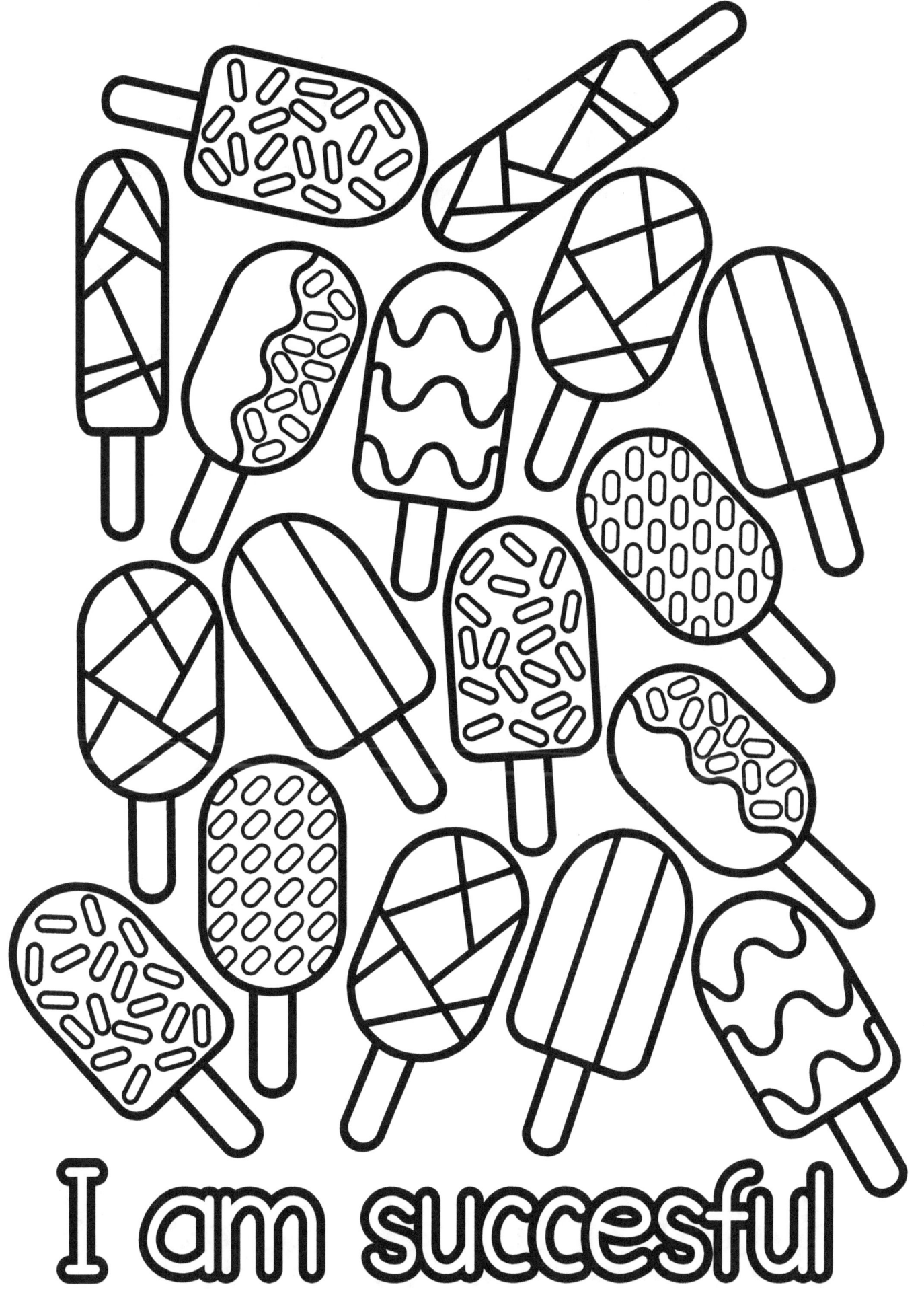

I am succesful

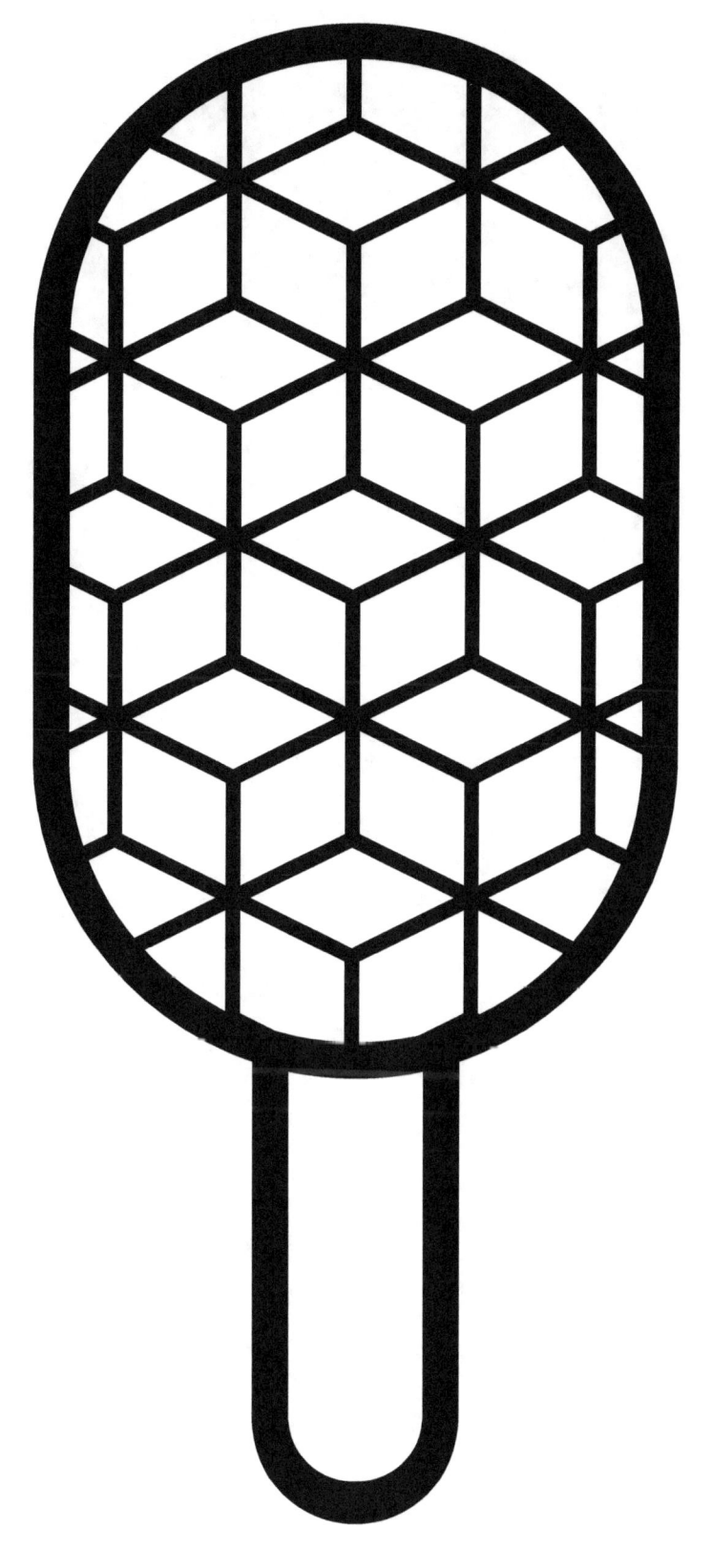

I am loved